【暢銷強化版】

逢考

海邊小孩變全國榜眼的考試必勝法！
金牌律師小考大考都在用的高分寶典

必中

當初是出版社的發想，出一本讓人人考試變簡單的書，我花了將近一年的時間，綜合自己從小考、大考、升學考、律師高考以及不動產經紀人考試的心得，整理成《逢考必中》這本書，很開心上架以後頗獲好評，銷售一空。這次改版，特別將考生詢問度高的問題，整理納入增加新單元，讓這本書更加實用。

基於對不動產領域的興趣，先前我利用擔任律師之餘暇，去參加不動產經紀人考試，以全國第二名的成績上榜，並順利取得不動產經紀人證書實際執業。因為準備考試有很多心得，可以幫助不動產經紀人的考生，所以我出版了不動經紀人考試用書，並且在臉書成立「不動產經紀人榜眼上榜討論區」，這些年下來，已經幫助很多不動產經紀人考生順利上榜。

我發現，參加不動產經紀人考試的考生，其中有不少人也買了《逢考必中》這本書，我收到最多的回饋就是：他們告訴我看《逢考必中》弄懂了做學問跟考試的區別；考試唯一的目的就是要考上，也從書裡找到有效率拿高分的方法。我從這些考生給我的回饋就知道，當初出版這本書的目標達成了。

另外《逢考必中》出版以後，我也陸續收到一些父母給我的回饋，說他們買了逢考必中給孩子讀，順利通過升學考試了。讓我最開心的一件事情，就是我太太看到「不動產經紀人榜眼上榜討論區」每年都有很多考生考上不動產經紀人，她說她也想參加考試。對於學商而非法律本科系的太太而言，不動產經紀人考試還是相當有挑戰性，於是我給了她我寫的不動產經紀人考試用書，同時還有《逢考必中》這本書，結果我太太也順利考上不動產經紀人了。

　　出版《逢考必中》，能夠實際幫助到考生，不管是升學考試還是國家證照，都能順利上榜，尤其是還能嘉惠家人，在這裡要特別感謝我太太的努力，讓《逢考必中》沒有漏氣。同時，也要感謝讀者的支持，期待這次的改版能夠幫助更多考生順利通過大考小考，逢考必中！

民國101年，我偷偷跑去參加不動產經紀人考試，全世界只有一個人知道我要參加考試，那就是我太太。偷偷報名參加考試的原因是擔心從事律師工作，每天從早忙到晚，如果沒有時間唸書，萬一落榜就糗大了。我私下跟太太說，我要拚榜首，我太太說，你知道榜首要多認真，你有時間嗎？然後我安排了讀書計畫，每天不管幾點結束律師工作，我一定完成當天的進度才睡覺。

放榜那天，電腦螢幕秀出我的名字，我考了全國第二名，所以名字正好在第一排的中間，我到現在都還記得那種神奇的感覺。之後我寫了不動產經紀人考試用書故事速成版，把我自己參加不動產經紀人考試所整理的資料，聯想記憶的方法，還有很多祕訣通通整理進去，每年都有很多考生看了我的書考取不動產經紀人，寫訊息告訴我好消息，人數多到我太太都覺得這套書真的有這麼厲害嗎？她也想去考。

拿起書翻一翻又告訴我，裡面選擇題只有選項的答案，沒有指出每一題四個選項對、錯的依據，她必須自己去查要花很多時間，於是我又花了時間整理了三本解題懶人版，把選擇題的每個選項通通解答。然後，我太太就開始閱讀這兩套書。

在我太太準備考試的過程當中，她遇到不懂的都會來問我，而我也從我太太詢問的內容，感受到她想要把所有內容完

全讀懂的「企圖」，其實之前有一些考生遇到問題來問我也是這種感覺，詢問的程度追根究底，甚至可以形容說是到寫論文的程度了。同時，我太太也常常告訴我唸完了，卻感覺都沒有記下來怎麼辦？

我很擔心這樣會拖累進度，而且沒有效率，過程中我反而經常跟太太說的是：「人沒有那麼厲害看過都會記起來，要快速看過，多看幾遍，選擇題一定要把握分數，這是上榜的關鍵。」而這些方法，我都整理寫在這本《逢考必中》一書裡了。我太太也從這本書裡得到很多備考的實用方法，在考前就吃下了一顆定心丸。

放榜那天，我陪她一起查榜，看見她的名字，查詢她的成績單，以非常安全的分數上榜。以下是我太太寫她考取不動產經紀人的心得：

因為每年都看蔡律師在改版他寫的考試用書，無形之中接觸許多這方面的資訊與行業動向，也想提升自己這方面的專業，於是報名了國家考試。

畢業多年，重拾書本，要參加國家考試，相對年輕時困難許多，畢竟記憶力大不如前。

但既然決定要做的事，心態很重要，當然要全力以赴，抱著必上的決心！「工欲善其事，必先利其器」，買書的錢不能省，有些法律已修法，總不能不知道還在看舊的版本。當然因為蔡律師平時真的很忙碌，我希望這次我自己的考試，能夠獨立完成，所以，我除了準備相關考試用書之外，蔡律師的「逢考必中」一書，更是不可少的考前必讀本。因為，他在裡面分享的都是他所有小考大考的心得，他一直都那麼會考試，經驗和成果絕對是貨真價實的。於是在備考中，我親自體驗了其中幾個方法，例如：「15分鐘速效專心術」、「考古題複習法」、「追劇刺激術」以及「資料分類閱讀術」、「鳥籠讀冊術」……哇，實測後，真心推崇這本書，原來都是來真的（不只是因為我是蔡太太嚦）！裡面的方法，不論對我的備考過程或是在考試的心情安定方面，都大大有幫助啊！讓我能把準備好的實力完全發揮出來了。

　　另外，在這次的考試經驗，我也發現還沒考上之前把「考上」想得好難，考上了，反而覺得好像知道該如何準備會更好。

　　首先，要了解自己參加考試類型、分數比重。以我參加的考試是60分及格，又分選擇題與申論題，所以要多看把比較能更掌握的選擇題分數拿到，提高考上的機會。

讀書的過程，總覺得記不住，看了後面忘了前面，所以要多看幾遍，反覆閱讀加深記憶，平日也要做筆記記口訣，因為考前一個月衝刺很重要，複習時只要看到口訣，會記起內容，寫申論題也必較容易衍生更多的答案。

　　考試時間很短，在考場沒有多餘的時間可想，所以考前要模擬寫題，掌控時間能更精準，如有考作文，我也會在考前看考古題，試著寫幾篇作文，讓自己安心。考試最重要是考上，在有限的時間最大的效率下，一再看不懂的就跳過吧！寶貴的時間留給自己能拿到的分數……以上這些全部是蔡律師在「逢考必中」一書裡有提醒的呀！於是，我就順利地通過「不動產經紀人」的考試了！

目錄 Contents

第一章　比起天分，**聰明的考試方法**更重要

「從小念書，應該會羨慕考試成績優異的同學，別人就是塊讀書的料，所以成績那麼好，自己就是沒有讀書的天分，難怪成績不如人。」好久好久以前，我也曾經這樣想過，但是一路從鄉下念到都市，我才發現，原來那不是天分；原來考試是有技巧的，不能只靠努力念書，懂得善用聰明的方法，成績自然可以突飛猛進了！

透過大考小考通透
的考試技巧！

→| 「會考試」讓我鹹魚大翻身

　　從小，我在金山鄉下長大，國中畢業來台北念高中，之後考上律師。如果說是因為當上律師讓我的人生鹹魚大翻身，那得歸功於我擅長考試，一切都是靠考試技巧幫我打下最重要的那個基礎。

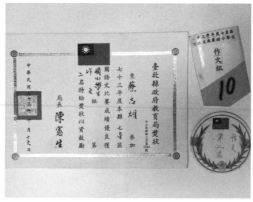

從小我就常代表班級和學校參加作文比賽

「會考試」重不重要？當然重要！

像現在景氣不好，會考試的話最起碼可以拚個國家考試，考上的話當個公務員，馬上就有穩定的收入。

不過大多數人都把考試想得太難，以至於還沒開始就放棄了，或者用錯方法，明明花了很多力氣讀了很多書，最後卻老是差那臨門一腳。

會這樣也是有原因的，因為學校老師只會跟你說，用功讀書就對了，所以學校裡只有教讀書，沒有教你考試的方法；我則會告訴你，考試光靠念書是不夠的，**要想辦法拿最多分數才是對的**。

畢竟念書歸念書，考試又是另外一回事。念書是為了讀懂，考試是為了考上，兩個要選一個的話，**考上絕對比讀懂重要，準備考試最大的錯誤就是沒考上，而不是沒讀懂。**

因此，這本書整理了我自己從小到大親身使用的考試技巧，說穿了，其中有些是偷吃步，白話文講就是投機取巧，但是運用這些方法，確實可以多得到一些分數，就像上面說的，對考試來講，只有得分、考上才是對的，不是嗎？

尤其偷吃步對於很多考試老是差臨門一腳的人相當有用，因為差一點點代表實力已經到了，為什麼沒考上呢？有時候不要怪運氣不好，其實是因為光會念書卻忽略了考試技巧而造成的。既然只差一步的話，就要靠「偷吃步」把那一步「偷偷吃掉」，這就是考上的關鍵了！

★ 巧用偷吃步，離「考上」更進一步

　　當然，考試主要還是憑實力，但要真正累積考試實力就要用對讀書方法，用錯方法，書讀了一堆，分數卻沒拿到，一切都是枉然。所以，這本書裡的許多方法，可以幫助大家，如何有效率的讀書，節省時間，同時確保讀下去的內容都可以轉化成考卷上的分數。

　　試想有兩種狀況比較一下：

甲：「哎呀！好可惜啊，準備了那麼久居然差一點點就考上了」。

乙：「嘿嘿！雖然那題沒讀通，可是用聯想法把答案寫出來，居然考上了」。

　　能有實力又能考上固然最好，但假如兩種硬要選一種的話，你想選哪一種？

　　除非你要上台教別人，自己一定要先搞懂，否則以考試來說，寫對就夠了。也許有人會形容甲是失常，至於乙是運氣好，其實都不是，甲跟乙的差別是懂不懂考試技巧。

　　考試當然要「愛拚才會贏」，但並不是像葉啟田唱的那樣「三分天注定，七分靠打拚」，這個歌詞要稍微改一下，如果問我考上的祕訣，我會說「三分靠技巧，七分靠打拚」。七分打拚就是累積實力，三分技巧就是要學偷吃步，要不然只有實力，像甲，老是差一點點，不是很讓人扼腕嗎？

　　所以，參加考試想要達標，不光要懂得努力有用的方法，也要知道不用努力也有用的方法；最重要的，就是一定要把努力卻沒有用、只會死讀書浪費時間的方法改掉。另一方面，用對的讀書方法累積考試實力，拿到應得的分數，同時學會偷吃步，進一步爭取更高的分數，相信一定可以增加考上的機會，減少老是差一點的狀況發生。

→ 海邊小男孩的花漾台北夢

在分享考試技巧之前，我先說說自己如何**從一個海邊小男孩變成了執業律師，甚至40歲還可以考取全國第二名**。

如果你從小到大求學環境都還不錯的話，那麼，可以直接從本書第二章開始看。可是，如果你跟我一樣，曾經碰過求學環境資源匱乏的狀況，也不用怨天尤人，看完我的經驗，你就知道，只要用對方法，一樣可以克服環境的不足，考試過關斬將。

我們家住在金山街上，對面原來是台汽客運的停車場，台汽客運搬走以後，變成好大一片空地，站在那裡正好面對著陽明山。山頂的形狀像一個女生的側臉，有突起的鼻子、嘴巴，雷達站剛好是在眼睛的位置，旁邊層疊的山巒，像是長長的頭髮順延下來，我們那邊的人都稱為「美人山」。

雖然從來沒去過，但我從小就知道美人山的另一頭就是傳說中的台北。假日的時候，很多父母開車載著小孩到金山來玩，車就停在我家前面的空地，開過去總是一片塵土飛揚。

停好車以後，我看著車上走下來的小孩，年紀跟我差不多，但身上都穿著五顏六色漂亮的衣服，講著一口流利的國語；而我，如果不是穿著國小制服，就是另一套體育服，我也會講國語，但發音卻是台灣國語。

美人山常常煙霧瀰漫，充滿了朦朧的神祕感，讓我很好奇，台北究竟長什麼樣子，為什麼住的小朋友跟我不一樣？經常仰望著美人山，總想著有一天長大了，我要越過那片山，去另一頭的台北看一看。

金山是個純樸的漁村，老師大部份是台北來的。我記得小時候的老師常常來教個一兩年以後就會調回台北，因為好像來金山教書可以增加分數，之後可以輪調到比較好的學校。

嘴巴　鼻子　眼睛　　長髮

金山連火車都沒有，所以老師們每天都是搭固定班次的台汽客運往返金山跟台北。

　　光從台北搭車到金山要花很多時間，不太可能一早就來開教室的門，所以鑰匙都會交給某位同學保管，每天負責開門、鎖門，我家離學校很近，所以常常接下這個神聖的任務，印象中光是國小6年，我就保管了3年鑰匙。

　　同學裡總有些調皮搗蛋不愛念書寫功課的，每回總被老師處罰，留下來寫完作業才能回家。可是老師一下課就要搭台汽客運回台北，於是，盯著寫功課就又變成保管鑰匙那位小朋友的責任，也就是我了。

　　老師總是對我說：「蔡同學，老師要去趕台汽了，你幫我盯著○○○寫完功課，再鎖上門回家哦！」

　　於是，那個○○○會換來換去，但不變的只有我，我永遠是必須留下來陪著○○○的那個人。

　　當著老師的面都敢不交功課的同學，哪會因為被留下來就乖乖寫作業。總是老師前腳剛離開，同學馬上拿著躲避球就往外衝。

　　我一開始還會跟著跑出去，試圖把同學拉回來寫功課，後來索性放棄了。於是，同學打球，我幫他寫功課，寫完我再去把同學的球收回來，然後鎖門回家。長時間下來，也許我會考試跟這個也大有關係，因為別人功課只寫一遍，我常常寫二遍。

　　因為金山的學生不多，賣參考書可能很多會變成庫存，隔年就賣不出去了，以至於連個書店都沒有，只有文具店。

　　那要買參考書怎麼辦呢？印象中讀國小的時候從沒用過參考書，上了國中時需要參考書，都是跟著同學一起搭基隆客運到基隆去買的。

　　一直到後來參加高中聯招，我才有機會一窺美人山另一頭的神祕面紗，那是我第一次進台北，之前我去過最大的城市，只有基隆。

★ 我不是天才，我是有技巧的「背多分」

　　我爸爸在金山開了一間「長發水電行」，家裡有5個兄弟姊妹。我是長男，從小下課以後或是寒暑假，就跟著我爸爸到處跑，當水電的小助手。

我記得有一次，媽媽雙手各拿著一枝筆，還有水電鑿牆用的鑿子，問我們三兄弟：「長大以後，要拿筆還是拿鑿子？」我很清楚地告訴媽媽，我要選筆，而弟弟選了鑿子。我媽媽說：「選筆的認真念書，選鑿子的認真學功夫。」

　　我從小的學業成績還算不錯，幾乎都在班上排前三名。因為前三名才有獎狀，所以只要能拿到獎狀，就覺得對自己有交代了。有時候成績掉到第三名之後，獎狀沒了，父母不會因為這樣就罵我，反倒是我自己覺得成績退步了，下次一定要把獎狀拚回來。

只想拚有獎狀就好，不是非得要爭第一不可，因為我知道，自己讀書靠的是比別人花更多的時間，而不是天分。我可不是那種天才兒童或者數理資優生，每次考試，數理的成績就是沒辦法名列前茅，又沒有補習，該怎麼辦呢？

既然只能靠自己，那就截長補短吧！**數理科目不如人，可以靠其他科目贏回來，而且要贏更多回來。**數理以外是哪些科目？就是背科啊！背科的成績跟花費的時間是可以成正比的，花多少時間背，就能拿多少分，看一次背不起來那就看兩次，看到背起來為止，簡單來說，就是靠「背多分」。

雖然說「天下功夫，唯快不破」，既然快不過人家，那咱們就比久的啊！蛤蟆功也有如來神掌可以破解不是嗎？

當然，「背多分」並不是花時間就好，要把東西記下來有很多技巧，我在後面的章節會一一的仔細說明。

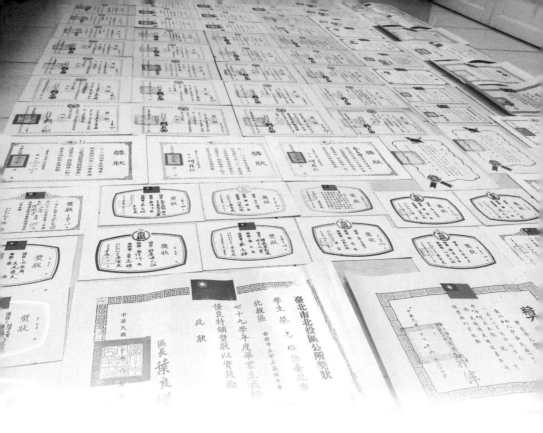

→| 考五專失利，意外發現不同的念書方法

我爸爸做的是水電，以蓋一間房子來說，要有不同師傅負責綁鋼筋、釘板模、灌水泥，水電則是要按照建築師的設計圖配好水管、電管。

爸爸只有國小畢業，看見建築師畫出那麼專業的圖，又可以在現場指揮，很有威望，於是爸爸在工地裡跟我說：「兒子，你好好念書，以後去考台北工專土木科，長大也可以當建築師。」

看見爸爸那麼辛苦的揮汗工作，我把這樣的叮嚀放在心裡，雖然我連台北工專長什麼樣子都沒看過，但是在我小小的心靈裡已經立下了目標，我要讀台北工專土木科。台北工專就是現在改制以後的台北科技大學，以前在五專的那個年代，排序可是第一志願。

五專的考試只有選擇題，因為我從小讀書都靠「背多分」，習慣把東西念得滾瓜爛熟，幾乎通通背起來，這樣如果考的是填空或簡答題會很有優勢；但是選擇題只要憑個印象，就算沒有全部背起來也可以作答，對我反而沒有優勢，還不如讀得淺，但是讀很快的方法。

所以，相對高中聯招有簡答的題型，我的成績還不錯，但是考五專的成績就沒有排在很前面了。

★ 轉個彎，人生大不同

那一天，五專選填志願，爸爸陪我去，按照成績有不同的報到時間，排成一個一個區塊，每個區塊裡還要按照成績排序，然後一個一個區塊依序一起進入室內，按成績一個一個撕牌子，這叫「撕榜單」。輪到我的時候，別說土木科了，整個台北工專的名額早就被撕得一張不剩，空空如也。既然沒有從小到大朝思暮想的台北工專土木科可以念，當下就決定棄權了。

撕下榜單
- 土木科　滿額
- 電機科　滿額
- 建築科　滿額
- 化工科　1

　　現場撕牌子的人，有個走道讓你可以去旁邊登記學校，至於像我當場棄權的，則要走旁邊另一個走道出去，剛好會碰到下一輪等待撕榜的人。你經過他們旁邊的時候，他們會為你歡呼，因為你放棄了，代表後面的每個人往前排序遞補都多了一個機會。那短短的一段路，是我從小到大，第一次有當英雄，接受歡呼的感覺。

　　可是，這位英雄那個時候心裡在流著淚，因為自小立志要念的台北工專土木科沒有了。

　　歡呼也罷，流淚也好，人生的下一步總是要繼續往前走。我爸說：「走，我們去你考上的中正高中看一看。」於是，我

去念了普通高中，後來才當了律師，要不然，也許我現在是一位建築師呢！

當時我也懂了，**同樣是考試，但面對不同的題型要有不一樣的準備方法，應付選擇題不能靠「背多分」，應該是要靠「快多分」才對！**

→| 律師考試，讓我全面通徹了考試技巧

念了高中，到了高二時要選擇社會組或自然組。

相較於國中考高中的時候沒有分組，以至於數理輸人家，還要努力靠背科來補分數，現在居然可以把一部分的數理拋開，雖然社會組一樣有數學，但是內容比較簡單，所以二話不說，我當然選擇念社會組。

考試就是較量，可以選擇的話，你要拿自己的長處去跟別人較量，還是拿弱點去跟別人較量呢？

我那麼會背，完全就是適合念社會組啊，明明數理弱還跑去念自然組的話，那不就「爬帶」了嗎？所以說，我能有還算

不錯的成績表現，是因為我始終懂得把自己的長處無限放大，然後把自己的缺點能藏多好就藏多好，能藏到不見，是最好的。

有一回，學長李永然律師回來中正高中專題演講，給學弟妹職涯的啟發，聽完以後，我覺得念法律系將來可以當律師，很有前途，而且念法律是需要背的，正好又能發揮我的專長，我比較占優勢，於是，當時我便立志要當律師。

既然想當律師，第一步當然是要拚大學法律系。高中三年，我一個人在外面租房子住，還是保持從小念書的態度，每次考試也想拚前三名拿獎狀，但說實在的，來台北念書以後就發現，同學的實力都變強了，所以拿到獎狀的頻率大概只剩下三分之一而已。

以前在金山，拿獎狀是原則，拿不到是例外；到了台北，拿不到獎狀是原則，拿到反而是例外了。

我那時深刻的體會到，什麼叫做「人外有人，天外有天」，一山還有一山高。同時也想到，小時候我看著從汽車上走下來，住在美人山另外一邊的小朋友，除了講國語更標準之外，讀書果然也比較厲害！不過至少我也真的爬過了一座山，來到

了山另一邊的台北，我跟他們現在已經站在同樣的起跑點上了。別的不說，至少買個參考書，不用再搭車跑去別的城市，走路到學校對面的書局就有賣了。

★ 人外有人，天外有天

讀書資源變公平了，但是大學聯考終究還是要拚啊！

選填志願的時候，我先選系不選校，台大跟政大法律系各有三個組，所以，這就是我的前六個志願。至於之後的，我就選校不選系，把其他台大我分數可能會錄取的科系，像中文系、歷史系依序填在後面。

放榜的結果，沒有錄取台大法律，政大法律按照分數高低分別是法學組、財經法組跟法制組，結果我錄取了最後一個政大法律系法制組。也就是說，如果我的分數低一些些，前六個法律系沒有中，那我念的就是台大中文或是歷史系了。

那麼，我後來就不會是當律師，可能是一位國文或歷史老師了！

當然，如果我沒當律師的話，今天可能也沒有機會出這本關於考試技巧的書了。後來我念了法律系才發現，原來法律人都很會考試。

　　不知道是因為很會考試的人都跑來念了法律，還是受了法律訓練以後都變成很會考試？總之，「念法律的都很會考試」這個結論肯定沒錯；而且，不只在台灣這樣，還是一個世界的趨勢。

　　不相信的話，可以Google一下，很多考試技巧的書，通通都是律師寫的耶，包括：日本律師、韓國律師，還有德國律師，看起來律師的專業除了法律之外，「考試」應該是律師的第二專長呢！

　　以我身為法律人的角度來看，律師擅長考試，就跟「身為一位專業汽車維修員，隨身帶著扳手」一樣，是很合理的。

　　為什麼呢？

　　首先，念法律一定要很會背，參加律師高考那更不用說，理解能力要有，但需要背的地方更多。大部分的考試也是需要把內容記下來，這時候法律人平日訓練的背功自然可以發揮作用。

再來，會背就行了嗎？你會背別人也會背啊！想要通過錄取率不高的律師高考，可要有兩把刷子才行，包括：讀書整理關鍵字的技巧、回答問題的技巧。講到一般人最害怕回答的申論題，那可是法律人平常學習的主要模式，學校考試就是用這樣的模式，根本還沒出校園就已經在模擬考了，長久訓練下來，自然會練就一身高超的應答技巧。

還有，我發現國家考試根本是為法律人量身訂做的吧！不管是哪個考科，很少看到完全沒有法律科目的，換言之，有那麼多都是法律科目，而法律人念的就是法律，本來就有先天上的優勢。

大學拚研究所時的埋首苦讀，
左邊書櫃是為放置考試分類的書籍加裝的。

但說是這樣說，面對難度那麼高的律師高考還真不容易，連歷經大大小小的考試，可說是攻無不勝、戰無不克的我，居然也踢到鐵板，嘗過落榜的滋味。

　　大四拚了一年，順利考取法律研究所，之後就開始準備律師高考。同樣住在研究生宿舍的一群同學，有的看來輕輕鬆鬆，除了研究所的課業，還要準備律師高考，居然還可以天天騎腳踏車、打籃球，一副輕輕鬆鬆的樣子。而我，光是忙著研究所的報告跟律師高考，就已經忙翻天了。

　　後來放榜，我落榜了，而這位天天騎腳踏車、打籃球的同學以優異的成績考上了。之後他告訴我，他會把考試的重點錄下來，每天騎腳踏車的時候放出來聽，所以我以為他天天騎腳踏車，其實他是在讀書。

　　原來，我眼中輕輕鬆鬆的高手也要念書，只是高手懂得用節省時間，更有效率的方法。包括還有另一位考上的同學告訴我回答申論題如何「偷吃步」，我在後面的章節也會通通不藏私地整理出來跟大家分享。

　　總之，聽完這些，再次深深覺得什麼叫「人外有人，天外有天」，一山還有一山高，我對於考試技巧可說是大澈大悟。運用這些技巧，果然，我也考上律師了。

→| 40歲高齡善用考試技巧，考上全國第2名

　　考上律師，便安安穩穩的當了十幾年的律師。基於對不動產投資的興趣，我經常分享關於這方面的心得，透過媒體不停地曝光，我想現在是證照比學歷還重要的時代，應該來考個不動產的證照，發言起來才名正言順。

於是，在我40歲那年，做了一個重要的決定，我要報考不動產經紀人考試；而且，我告訴太太，我想拚榜首！

太太說：「你辦的案件那麼多，很忙耶！會有時間嗎？還有，你也不想想，你年紀也大了，記憶力還可以嗎？」

沒時間就想辦法把時間擠出來。每天把案子的事情一忙完就趕快坐下來準備考試，可是，真的像太太說的，這次準備不動產經紀人考試，跟之前考律師感覺明顯不一樣。我發現我從小到大非常引以自豪、過目不忘的能力真的退步了，背東西變得比較吃力。

可是畢竟面對考試的底子還在，運用這些考試技巧就像太極拳高手一樣，「重意不重形」，放榜的結果居然考上了全國第二名。

最開心的不是考上，而是跟太太證明我還沒有老，哈哈。重點是歷經這次的考試，我發現一邊工作一邊準備考試也是可以的，而且同樣可以爭取到很好的成績，不會輸給全職考生，這些所有方式與技巧，我在後面的章節會一一分享，給想要一邊工作一邊考試的考生參考。

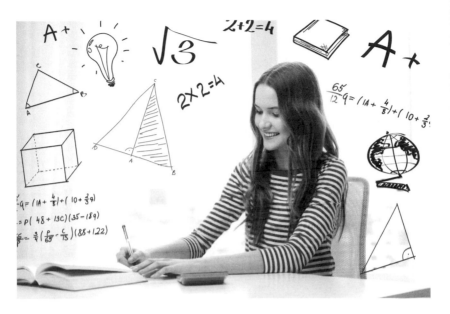

還有，年紀大也沒有關係，只要善用考試技巧，絕對可以彌補記憶力的減退，考試成績也不會輸年輕小夥子喔！

★ 只要努力，一定能勝利

其實老天爺是公平的，有所失必也會有所得。如果我從小是在都市成長，每天補習，被父母逼著念書的話，也許成績也不差，但就不會為了追上求學環境不如人的落差，體悟出這麼多可以跟別人分享的考試方法與技巧了！

像當年同學跟我分享回答申論題的考試技巧，那時候聽到這個方法心裡一震，想說：「啊！要是早知道這個方法，也許我就不用再重考一年了。」現在，我也是抱持著同樣的心態，把自己的考試技巧整理出來，就是希望可以幫助大家早一點考上，不要再有「差一點點」的遺憾。

　　回到小時候，我不過是一個仰望美人山的水電工之子。求學一路以來，從沒念過第一志願，高中錄取第四志願，大學錄取第二志願，雖然沒有一步到位，而是每次都進步一點，而且多年來靠自己的摸索、學習以及實戰經驗，累積了這麼一套超好用的考試方法，最後不但當上了律師，還可以考上全國第二名。

　　所以，不要把考不好歸咎於環境，或者是自己沒有念書的天分，沒有天分可以靠後天的努力，只要用對方法跟技巧，一樣可以克服環境的不足，達成自己想要做到的目標！

　　考試對於很多人而言，就像是在挑戰攀登一座高山，那個過程，就跟我從小爬過美人山，一路來到台北打拼一樣。靠這些考試技巧，讓我在山裡彷彿有個嚮導，始終給我明確的方向，還會告訴我，哪邊可以抄近路走捷徑，省時省力，事半功倍，幫助我一次又一次攀爬過考試的高山。

　　有句話說，「出發總要有個方向」，我把自己多年以來慢慢練就跟摸索出來的考試技巧通通整理出來，希望可以幫助大家，面對考試的高山，不用再靠自己的摸索，只要照著這本書整理的技巧，就可以早一點攻上山頂，欣賞明媚的風光。

　　當然，方法對了，再來就要靠自己堅定的朝目標一步一步地走下去，先當個「人生努力組」，我相信，你也可以變成「人生勝利組」。

第二章 「備考10大技」，省力有效！

準備考試，首先要把心情準備好，並訂出一個完整的計畫，這跟旅遊很像，先有玩的心情，然後規畫行程。如果沒有心情，就算規畫的再好，玩得也不開心；心情有了，沒有規畫，這在旅遊叫做是自由行，考試自由行會浪費時間那可不行，要掌握進度才可以從容上場。做好計畫，考試就已經先贏一半了！

一定要心甘情願：

抱持正確想法，找出讀書動機

　　參加考試，說穿了，就是要在一段時間內持之以恆不停地念書。就算找到了葵花寶典，也要花時間練一練、打通任督二脈，才能變成萬中選一的絕世高手。

　　可惜現在大部分的人總是不停地滑手機、追劇，若要他停下來不能再做這些事，可能就會痛苦得要命，因為滑手機、追劇都是會讓他開心的事；相反地，要他為了參加考試一直念書、看書，可能就會痛苦得要死，若可以停下來不用念書的話就又開心得要命了。因為做開心的事，輕輕鬆鬆就會記得，所以手機的內容或者劇情清清楚楚，但做痛苦的事就不是這樣了，老是心不在焉，看過去了卻沒記在腦袋裡。為什麼會這樣？因為讀書根本就不是自己打從心裡想做的事。所以，**讀書要有效果，就先要讓讀書變得跟滑手機和追劇一樣，讓你心甘情願。**

讓讀書變得跟滑手機、追劇一樣「開心」嗎？那當然不可能，是要把讀書變成跟滑手機、追劇一樣，變成是自己心裡想做的事。既然讀書不可能跟滑手機、追劇一樣開心，那要怎麼讓讀書變成是自己心裡想做的事呢？首先，你要想的不光是「讀書」這件事，而是考上了之後，你可以得到什麼？你是不是非考上不可？

　　以前人說「書中自有顏如玉，書中自有黃金屋」，一個是愛情，一個是錢財，如果考試可以帶來錢財、讓愛情順利，那當然就值得好好念書，為考試拚搏！當然也許不是那麼俗氣的為了錢財，也不是那麼浪漫的為了愛情，只是為了證明自己做得到也是可以的，因此，最重要的前提是先想清楚，自己考上以後，想要得到的東西是什麼？

　　總之，有一個考上以後想要達到的目標，而那個目標是自己心裡真正想要的，就會持續努力下去，畢竟考試只是手段，而且過程是辛苦的，但達到目的是快樂的，為了最終的快樂，自然可以忍受過程的痛苦。如果心裡真的想做到、想要達成考上的目標，卻沒有時間念書，這時候感受是最痛苦的！那就代表你已經把讀書這件事當做是心裡想做的事了，所以會想方設法讓自己有時間能夠讀書，想要擁有的慾望越強烈，你就會越努力。

一旦你有心準備考試，你也真的把「考上」當做是自己的目標，其實你會發現即使沒有書桌也能念書。在捷運上站著你會念書，去吃飯還沒上菜你也會念書......就如同你滑手機一樣，因為想滑手機，所以在捷運上站著會滑手機，邊吃飯也會滑手機，連蹲馬桶都會滑手機......想滑手機，到處都可以滑手機，換成想讀書的話，到處都是你的圖書館。

所以不要說沒時間，其實時間多的是，只是缺少一個努力的目標，還有要把時間拿來做什麼而已。目標找到了，而且因為想要擁有考上以後的東西，所以自然會拚命想要達成目標，絕對不是沒有時間。

→ 只要有強烈企圖心，就會拚了命的去努力

　　我這輩子參加大大小小的考試，從國中考高中，高中考大學，到大學考研究所，就是為了拚一個好的學校，有一個好的學歷，希望有好的前途。當然，要說「前途」就是「錢途」也是可以的。至於考律師，這幾乎是每個法律系學生的使命，不是考律師，就是考司法官，也有少數人選擇考調查局或公務員，法律系畢業就像要開車上路一樣，總要有個駕照吧！可以考上駕照不開車沒關係，但不能要開車才發現沒有駕照。

　　以從事法律業務來說，考上了就是有牌律師，沒考上的就是助理；律師才能穿律師袍站上法庭，而沒考上的只能當助理，不光職稱不同，連收入都不一樣。通過國家考試，是每個法律系學生必須面對的一個挑戰跟門檻。

　　老實說，參加律師考試的時候根本還沒真正接觸過法律職場，也無法感受有牌律師跟沒牌助理之間實際的差別，想考上就是為了面子啊！擺在眼前的一個門檻，別人通過了，我也要過，我手上也想要擁有一張律師證。想要做到，自然就會有動力。

　　後來因為投資的興趣，開始分享不動產的心得，為了更有說服力，於是跑去參加不動產經紀人考試，最後放榜的結果，

我是全國第二名。這樣的成績不是巧合，因為這次參加考試本來就不只是為了考上，我還想拚一個比較前面的名次。想一想，只想要考上，要不要念書？當然要，那如果再多念一點點拚個前面的名次，有其他附加價值的話，值不值得？

像我後來出了一套不動產經紀人的考試用書，封面上就印了我是全國第二名。一個律師又是不動產經紀人全國第二名寫的書，會不會比律師只是考上不動產經紀人寫的書，更讓人想要購買？這就是附加價值啊！所以有時候不光只是想要參加考試而已，可以讓自己跟別人不同，讓自己追求更高的目標。

畢竟，不可能凡事盡如人意，只想考上的，一失常可能就落榜了；想拚前面名次的，一失常只是名次往下掉，還是會考上。

當然，想拚前面名次的，比只想考上的，一定要努力多更多，不能光只是想而已。但相信我，只要你心裡真的想做到，自然就會更努力了。那如果努力不起來呢？很明顯你所謂的想做到是「假的」。

別人可能只是參加考試考上了，我還出了一套考試用書，還可以拿全國第二名當宣傳。付出不同，得到的東西也不一樣。想一想，考上你可以得到什麼，倒過來想你就會為了目標而付出了。

期待你會開始這樣做，下一個小時你開始念書而不是滑手機，因為你心裡真的覺得：「浪費了一小時不能讀書，心裡好難過。」這樣的話，我確定你已經開始朝考上的目標前進一大步了。

蔡律師驚語錄

不要說沒時間，其實時間多的是，只是缺少一個努力的目標，還有要把時間拿來做什麼而已。當有了一個考上以後自己真正想要達到的目標時，自然就會更努力持續下去了。

要無後顧之憂：
先解決準備考試的經濟壓力

　　準備考試，除了花時間，也很花錢。全心準備考試的人，要不就靠自己之前的積蓄，或者要靠家人的協助。順利考上就好，萬一重考拖延個幾年，那可都是壓力啊！尤其壓力還不只是沒考上以後才有，光在準備考試的時候就會想：「萬一今年考不上錢，不夠了怎麼辦？」所以從第一次準備考試就開始有壓力了。

　　有壓力又怎麼能好好準備考試呢？所以，經濟問題一定要先解決。

　　有一位小我幾屆的學弟，大學畢業沒考上研究所，於是先去當兵，雖然服役期間也報名參加律師考試，但畢竟人在軍中根本沒有時間好好念書，所以沒有考上。學弟心想：「反正書也沒念多少，考不上是正常的，等退伍以後再好好準備應該沒問題。」學弟的父母也是這樣想的。於是學弟退伍之後，便聽從父母的建

議，沒有找工作，專心準備律師高考。所有生活的開銷，除了當兵存了一些錢以外，其他的全部仰賴年邁的父母。

退伍後一年全心準備考試，卻以些微的差距落榜了，父母那時還安慰他：「沒有關係，只差了一點點，明年再努力一點，一定會考上的。」於是學弟退伍第二年，依然還是全心準備律師高考。

那時候學弟的心態開始不一樣了，心裡老是想著退伍一年多了，一點收入都沒有，還要靠著父母養才能全心準備考試，居然沒考上，萬一下一次還是沒考上該怎麼辦？那時學弟連看到父母關心的眼神，都覺得不知道父母是不是在盯著他有沒有認真念書？還是嫌棄他沒有收入？

結果退伍後第二次全心準備律師高考，學弟還是落榜了，而且成績比前一年退步很多，這次跟及格分數有很大的落差。學弟看著成績大幅退步，決定不如放棄好了。

學弟的父親問他：「為什麼？」學弟說：「怕一直準備考試都沒有收入，把家裡錢花光了怎麼辦？」學弟的父親告訴他，有能力再供應他繼續參加考試，只是學弟的父親也發現了，原來學弟成績大幅退步，是因為擔心家裡經濟發生問題。

於是學弟的父親便跟他說：「你可以同時準備一些科目接近、但難度比較低的考試一起報名參加，應該可以增加上榜的機會。」這句話點醒了學弟，從退伍第三年起，學弟就同時準備律師跟法警的考試。結果律師還是落榜，可是考上了法警。

既然考上了法警，學弟便一邊當法警，一邊準備律師考試。學弟這時候的心態又不一樣了，想說律師高考沒通過也沒關係，至少還可以當法警，而且收入也蠻穩定的。沒想到那年放榜，學弟考上律師了。

→┤ 沒有錢萬萬不能！準備考試也不例外

其實當了法警以後，不像以前一整天都可以念書，只能利用法警工作以外的時間才能念書，所以念書的時間少掉了很多，其實那年是讀最少的一年。

讀最少反而考上了，為什麼？因為沒有經濟壓力了。以前什麼也沒考上的時候，連看到父母的笑容都壓力很大，聽到父母吵架那更不用說了，東想西想會不會是因為自己的關係，考那麼多年也一事無成，什麼都沒考上，惹父母生氣。

而當了法警之後，至少每個月都有穩定的薪水，不再閃躲父母的眼神，雖然因為工作占去了好多時間，反而更懂得把握時間好好念書。學弟說，他是做最好的努力，但心裡有最壞的打算。

　　最好的努力就是把握能利用的時間拚命念書；最壞的打算就是考不上也沒關係，至少還可以當法警。學弟還說，再怎麼壞也不會比以前壞，因為以前只考律師，落榜了什麼都沒有，還要擔心沒生活費，而現在當法警每個月都有薪水，以後每年都去考律師也沒問題。結果，當年律師考試就金榜題名了。

　　所以，準備考試的過程中，千萬不要讓自己處在有經濟壓力的情況下，那樣會讓讀書的效果大打折扣。有些人會先從事其他工作一段時間，把錢存好再辭職全心準備考試，我建議起

碼要存兩年以上的生活費，而且要利用還在工作的時候，就算很忙沒時間好好念書，也先報名考試去練習練習，體驗一下考試的感覺。因為辭職以後準備考試，每個月的收入都沒了，花那麼大的成本，一定要先有充分的準備才有把握。

為什麼至少要存兩年以上的生活費呢？首先，邊工作邊報名考試是用來熟悉一下考試的狀況，至少比較知道考試如何準備，也比較清楚重點在哪裡，一旦辭職之後全心準備考試才知道從哪裡下手。第一年如果沒考上暫時不用擔心，因為第二年的生活費也已經準備好了，這時候倒是可以學學我學弟的方法，像公務員考試依難度不同，分成高考、普考、初等考試，建議可以找科目雷同多的考科去應試，難的考，簡單的也考，增加考上的機會。

簡單說，就是先求有、再求好的概念，簡單的考上了先去工作，有份穩定的薪水，就沒有經濟壓力，再往更高階的考試去挑戰。

蔡律師驚語錄

準備考試的過程中，建議起碼要存兩年以上的生活費，千萬不要讓自己處在有經濟壓力的情況下，那樣會讓讀書的效果大打折扣。

懂得掌握勝券：
選擇有優勢的考科

　　考試沒考上，有時候可能是不夠努力，有時候或許是因為一開始就挑錯了考科。如果考試是一場戰爭，最後的目的是要打勝仗的話，那麼，不能看到戰場就跳下去，戰場是要挑過的。

　　挑過？當然啊，考試要挑軟的，不要挑硬斗的；台語「硬斗」的意思，也就是難度高的。同樣是念書，很少人每個科目都很強，有的人數理比較強，有的人背科比較強。通常擅長的科目讀起來相對輕鬆一點，考試成績也會好一點，那就是軟的；相反的，有些科目花再多時間，成績就是不好，那這些科目可以歸類到硬斗的。

　　籃球大帝Michael Jordan在籃球界的成就，應該只能用「神」來形容，迄今依然是最偉大的籃球運動員，締造的成績無人能及。可是，Michael Jordan第一次從籃球場退休以後，曾經短暫打過職業棒球，成績就不見理想。所以並不是說運動很

強就樣樣厲害，像Michael Jordan就是籃球很強，對他而言，籃球就是軟的，但是棒球看起來就是硬斗的。

如果能夠選擇的話，當然要挑軟的跟別人拚，不要用硬斗的跟別人拚，這就跟柿子要挑軟的吃一樣。所以Michael Jordan如果想跟Derek Jeter（前洋基隊最具影響力的球員）比賽的話，當然要挑籃球，如果挑棒球的話，要贏過Jeter那是件很困難的事。

→| 選考場如同挑柿子，要挑軟的吃

選對考科，大部份是自己擅長的科目，事半功倍；選錯考科，大部分不是自己擅常的科目，就會事倍功半了。所以，挑對戰場，就先贏一半了。不過，不要誤會了，所謂軟的並不是不用念書就會有好成績，書都是要拚命念的，念了有用，成績還不錯，那就是軟的了，像Michael Jordan投籃就算有天分，也要靠後天不停地訓練才有這樣地神技。

所以，如果完全沒念書導致成績不好，那不能說是硬斗，問題是出在沒念書。如果真的好好努力念了，但還是成效不彰、成績不見起色，那確定這個科目對你而言是硬斗的，是該換個考科，考上的機率會比較高。

以我自己來說，相較於數理，我的背科像是國文、歷史、地理需要背誦的科目，從小成績就比較突出，所以我一直非常清楚，什麼是我擅長的科目。每次大考、小考，我的數理總是輸給名列前茅的同學一點點，於是我會想辦法用擅長的背科追回分數，甚至超越。例如：數學輸2分，那就靠國文贏1分、歷史贏1分、地理贏1分，只要總成績贏了就是贏了。

　　我之所以擅長背科，其實那是比別人花了更多時間的結果。我記得國三準備模擬考以及高中聯考的時候，大概有快一年左右的時間，都是固定前一晚念到半夜一點，然後早上六點起床再繼續念書。因為晚睡又要早起，怕自己會順手把床頭的鬧鐘按掉又繼續睡，於是我天天把鬧鐘綁起來懸吊在半空中，想說一定得站起來按鬧鐘，自然就會醒了，這樣一定不會錯過任何重要的大小考試。

　　而且那個時候，雖然只有小小年紀，我就有第二道保險的概念：除了吊起來的鬧鐘，我還把電子錶的錶帶拆了，把錶也設定好鬧鐘以後，貼在耳朵上才能安心睡覺。雙保險果然讓我每次都能準時起床，所以天分不如人沒關係，那就比別人花更多時間念，多念幾遍，自然就不會忘記了。

　　背誦的科目既然是我可以跟別人較量，甚至要靠這個才能超越別人，所以我向來都會把比較多的時間花在背科上。印象最深刻就是考大學時，當時有三民主義這一個科目，讀到選擇題能立刻反應出答案這個不用說，連寫申論題的答案就跟抄書沒兩樣，在考場裡我可以清楚看到課本上每一行的每一個字，甚至寫到每一頁最後一行左下角的頁碼也看得清清楚楚，我還知道要翻頁繼續寫。沒錯，我已經讀到把整本書每一行跟每一個字都烙印在腦海裡了，所以三民主義幾乎考了滿分，也順利考上政大。後來的律師考試，幾乎都是背的，所以我有先天上的優勢。

　　前幾年我想再參加國家考試，取得第二張證照。我考慮兩個考科，一個是不動產經紀人，一個是估價師。把考試科目列出來，你就看得出來有很大的差異：

　　不動產經紀人：考國文、民法概要、不動產估價概要、土地法與土地相關稅法概要、不動產經紀相關法規概要，大概只有估價概要有一堆計算式不是背科。

估價師：考國文、民法物權與不動產法規、土地利用法規、不動產投資分析、不動產估價實務、不動產經濟學、不動產估價理論。

　　我一看，兩邊科目差這麼多，不到三秒鐘就決定我要參加的考科了。後來，我考取了不動產經紀人全國第二名，如果當年報名的是估價師，可能比較難有這樣的成績。

　　能力在哪裡，戰場在哪裡，甜美的果實也會在哪裡！所以，在決定要參加哪一項考科之前，要先比較各個考科的每個科目，哪一個考科的考試項目有最多是你擅長的，選擇這樣的考科來報名的話，會比較有勝算。

蔡律師驚語錄

　　如果考試是一場戰爭，最後的目的是要打勝仗的話，那麼，不能看到戰場就跳下去，戰場是要挑過的。選對考科，大部份是自己擅長的科目，就會事半功倍，就先贏一半了。

一科一本：
挑選讀得下去的考試用書

　　參加考試，第一步要先把預定要念的教材先準備好。但是每個科目，都有教科書、參考書，還有坊間整理的考試用書，甚至還有不同老師寫作的不同版本。究竟要準備哪些來當作是面對考試的教材呢？

　　考試用書是面對考試的武器，既然是武器，一般人怕準備太少會不夠用，就像治感冒一樣，一種藥不夠，最好再來個加強藥效版的。可是你要想，書跟藥不一樣，不是丟到嘴巴裡喝口水吞下去就會發揮藥效；就算當作是藥；太多也會吞不下去的，是吧？

　　所以，每個科目教科書來一本，參考書加一本，再來一本考試用書，如果有五個科目，五乘三就十五本了，有的人搞不好嫌不夠，同一個考科還準備不同老師寫的書，這樣一來，厚厚的一、二十本書放在書桌上。

哇賽，這麼多書果然代表著無比的決心！是嗎？幾天後三分鐘熱度一過又覺得：「天啊！這麼一堆書是要怎樣念？」所以，教材準備太多不但多花錢，還會讓自己讀不完，而且光看著一堆書就覺得困難重重，這簡直就是花錢又傷身體啊！

我這輩子參加過律師高考，那應該算是數一數二高難度的考試了。第一次參加的時候沒有經驗，就是抱著加強藥效的觀念，每個科目除了大學時的教科書不只一本之外，筆記本來就不只一本了，還去買補習班整理的考古題以及重點整理各一本，然後又聽同學說哪位可能是命題的老師，馬上又再加碼一本他的著作……長長一列書本擺在書桌上，結果頭一次上律師高考的考場時，準備的書根本沒念完。

全部的書連一遍都沒有念完，考試的結果當然可想而知了。落榜了以後，看著那一堆書，尤其瞄到聽同學說哪位老師會出題就買的那一本，結果連翻的時間都沒有，好像只是把書買回來擺著當平安符而已！很明顯我應該要調整一下準備方式了。

→| 輸少才會贏，書少少的就好！

說是「置之死地而後生」其實也可以，我開始實施精簡的計畫，**每個科目只留下考古題及重點整理各一本，如果有考古題及重點整理合在一本的更好，這叫做「一科一本」。**

教材少了，時間自然充裕了，所以這一回進考場之前，我不只把所有的書都念完了，而且每個科目都念了兩遍以上，也順利的以第24名的成績通過律師高考。後來當我40歲的時候，報名參加不動產經紀人考試，也是奉行「一科一本」這個方法，放榜的結果以全國第2名的成績通過考試。

所以考試要有好的成績，絕對不是買一大堆書，這樣不光是時間很難規畫，甚至會讓自己覺得考試很困難，打亂自己面對考試的心情，搞到最後如果因為書太多讀不完，那實在太冤枉了。書又不是買回來心安的，買了沒有時間消化，其實一點用處也沒有。

重點不是書多，而是同一本書要多讀幾遍，而且每個科目一定有好讀的跟不好讀的，以考試的角度來看就是好拿分數跟不好拿分數的。沒有把書念完，也許會錯過一些很輕鬆只要念過就會拿到的分數，連一遍都沒念完，不是太可惜了嗎？所以一定要記得，「書太多」看不完就等於「輸太多」了。

那還不如書少少的就好，對吧！「輸少才會贏」，真的是這樣啊，很多東西沒看過一定記不起來，看過一遍也未必記得起來，但多看幾遍就會增加記得起來的機會。準備的教材少一點，才有機會多念幾遍，印象才會深刻，自然會有好的考試成績。簡而言之，就是要把準備考試，變成是「簡單的事情重複做」。

既然要把考試教材精簡，那麼，選擇的教材就相當重要了。正所謂是「好的老師帶你上天堂，不好的老師帶你住套房」。每本書都有不同的編排內容跟方式，有的書你讀了很順就會一直看下去，有的編得實在是讓人家看不懂，當然要挑那種讓自己看得下去的。還有，考試的書跟小說不一樣，不是光看爽的而已，最好內容要經過考場的試煉，前輩都說好用的才是真正好，這方面可以問問學長姐，或者網路上面也會有很多資訊可以參考。

人家說「台灣最美麗的風景是人」，其實台灣最熱心的也是人，尤其是之前參加各種考試錄取的前輩。很多人會把自己準備考試的方法還有讀過的教材透過網路分享，這些資訊都可以參考。但是附帶一提，如果是那種補習班考生分享又是推薦自家書籍的要多加推敲，到底是廣告文還是真的好，一定要好好再參考其他資訊判斷一下，畢竟每個考試一年只有一次，用錯教材或者被「葉佩雯」騙了，那可就要明年攜再來啊！

總之，找到內容完整、扎實、好記又是念得下去的教材，才是你準備考試的第一首選。所以我會建議大家，考試用書不要透過網路買，可以的話直接去書局翻閱，有時候人家推薦的書不見得你念了會很順，一定要現場翻翻讀過幾頁，自己看得下去也覺得不錯的再買回家，畢竟以後可是要拿起來天天念的，一開始一定要仔細的挑過啊！

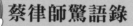

蔡律師驚語錄

　　「書太多」＝「輸太多」；「輸少才會贏」！

　　「一科一本」精簡K書計畫，每個科目只留下考古題及重點整理一本，教材少了，時間自然充裕了，才有機會多念幾遍增加記得起來的機會，印象才會深刻。簡而言之，就是要把準備考試，變成是「簡單的事情重複做」。

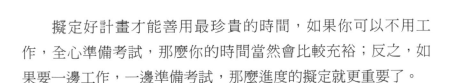

備考技巧 5 分秒必爭：
有效地進度擬訂，日日達標

　　擬定好計畫才能善用最珍貴的時間，如果你可以不用工作，全心準備考試，那麼你的時間當然會比較充裕；反之，如果要一邊工作，一邊準備考試，那麼進度的擬定就更重要了。

　　必須一邊工作一邊準備考試的人，雖然考試成績未必會輸給不用工作全心準備考試的人，但是不能否認，既然準備考試的時間真的比別人少，所以要更懂得把握時間才行。

　　以我自己參加過的律師高考跟不動產經紀人普考來說，參加律師高考時，我正在念政大法研所，因為研究所要修的學分不多，所以幾乎等於是全心準備考試。我可以規畫每天幾點開始念書，甚至幾點睡覺；參加不動產經紀人普考時，我是執業律師，幾乎每天都要開會、開庭、寫狀紙，連每天什麼時候可以把工作完成，事前都無法預估，偶爾還會臨時接到當事人電話，不但不知道幾點才能開始念書，更不用說規畫幾點睡覺。

想一想，你是否曾經坐在書桌前說要讀書，結果東摸摸西摸摸，兩個小時過去了，還停留在同一頁？讀書的重點究竟是坐下來看書看了多久？還是看了幾頁？

如果一點進度也沒有，只是一直坐在書桌前面，那根本就是坐安慰的吧！坐太久沒念書，大概只會長痔瘡而已，一點用處都沒有。

所以，另一個讀書規畫的重點並不在於什麼時候開始念書或坐多久，而是每天需要閱讀消化掉多少教材的數量。每天把本業的工作完成以後，就開始讀準備考試的教材，直到把當天預定的額度念完為止才能休息，上床睡覺。

→ 化整為零，學習就能倍速效率

進度的擬訂在於精確地計算出，究竟每天需要消化的教材數量。以我參加不動產經紀人考試為例：

總共五個科目，「一科一本」所以總共有五本教材，假設一本書總共有300頁，而我打算一個月讀完一遍，300除以30等於10，所以每一科每天要讀完10頁；假設五個科目，每一科的教材頁數都是300頁的話，算下來一科10頁，五科總共就是50頁。

除以30代表連假日也要讀書嗎？當然啊，在準備考試的期間，沒有一般定義的假日，預定額度的教材沒念完就要繼續讀，把額度念完了，當天剩下的時間才是短暫的休息；而且一邊工作一邊準備考試的人，偶爾總會有些突發狀況發生以致於無法把當天該念的額度念完，這時候可以利用一般定義的假日來追上進度，假日是最不會有額外工作來打擾的日子了，也是準備考試的黃金時段，若通通當成假日放掉就太可惜了。（我在其他章節會介紹教材分類篩選的技巧，也會大大增加閱讀的速度。）

全職考生可以只安排週一至週五的進度，週六日用來追上進度；至於在職考生，如果平日念書時間不多，那麼，連週六

日都必需安排進度，同時，平常念不完的進度，還要利用週六日來完成，時間可以彈性運用。

從上述的進度規畫來看，一開始一天讀10頁，一個月就可以讀完一遍；第二輪開始變成一天讀20頁，一個月可以讀完兩遍；甚至是一天讀30頁，一個月就可以讀三遍，這都是很簡單就能做到的事。

算一下，從一個月讀一遍，後來變成一個月讀兩遍，到一個月讀三遍，前前後後已經讀了六遍，當然這是用回顧歷史的方式去計算出來的，可是準備考試進度要事先擬定，所以要用反推的方式。

也就是說，如果是八月份的考試，打算讀六遍，照以上的算法，從六月就要開始準備，這樣的話，六月每天讀10頁總共讀一遍，七月每天讀20頁總共讀兩遍，八月每天讀30頁總共讀三遍，前後加起來，教材就讀了六遍了。用反推的方式，自然可以抓出應該要開始準備考試的時間。

　　當然，這也要看對教材的熟悉程度，如果內容比較複雜，一天無法消化10頁的話，那就要再把準備考試的時間規畫更提前開始。

第一個月	・一科300頁／30天＝1天讀10頁 ・五科1天10頁＊5＝1天讀50頁
第二個月複習	・一科 300頁／15天＝1天讀20頁 ・五科1天20頁＊5＝1天讀100頁 ・第二個月以15天為週期就可以複習兩次
第三個月複習	・一科 300頁／10天＝1天讀30頁 ・五科 1天30頁＊5＝1天讀150頁 ・第二個月以10天為週期就可以複習三次

★ 三個月可以讀6次

　　同樣以計畫讀六遍，可是因為教材比較複雜，一開始每天只能讀5頁來說，每一本有300頁，讀完一遍要60天等於兩個月；第二次每天讀10頁，一個月就可以讀一遍；第三次每天讀20頁，一個月可以讀兩遍，目前已經花了四個月讀了四遍了，第四次每天讀30頁，只要再花10天就可以讀第六遍。

一開始每天讀10頁，花三個月可以讀六遍，換成一開始每天只能讀5頁的話，要花四個月又10天才能讀完六遍，所以同樣八月要考試的話，一開始每天讀10頁的人，從6月開始念，而一開始每天讀5頁的人，就要從4月20日也就是提早一個月又10天開始。

　　依據教材的數量，算出準備考試的時間，然後反推時間就知道要從什麼時候開始準備，這是一種方法；另一種方法則是倒過來，從剩下多少時間來算出每天要讀完幾頁。

　　不能否認，很多人打算參加考試，掐指一算才發現慘了，只剩兩個月就要考試了；甚至還有準備考試時間更短的，「臨時抱佛腳」就是形容這個狀況。不用擔心，這樣的話還是可以做好讀書進度規畫的，用「消化額度」的方式，很輕鬆就可以掌控讀書計畫的進度。

　　若照前面的算法，每天讀10頁，一個月可以讀完一遍，那每天讀20頁的話就代表一個月可以讀兩遍。所以如果只剩下兩個月的準備時間，又想多讀幾遍，那麼，就要增加每天消化的教材數量。

本來一天讀10頁，第一個月讀一遍，第二個月開始，每天讀20頁就可以讀兩遍，考前總共讀三遍。一天讀20頁，第一個月就可以讀兩遍，第二個月開始，每天讀30頁就可以讀三遍，考前總共讀了五遍。當然每本教材不會剛好都是300頁，你要根據每本教材的實際數量去抓出每天要消化的數量，然後按月加速閱讀，讀越多遍越好。

讀書計畫重點是前面兩個字：「讀書」，不是「計畫」，犯不著把自己每天的時間抓緊緊，什麼早上5點就要坐在書桌前開始念書，稍微睡晚了就良心不安，何必呢？把今天要消化的額度抓出來，提早完成了就可以休息放鬆一下，進度落後了就再花時間讀完，只是晚點休息而已，哪有什麼好愧疚的，是吧！準備考試，要簡單化，隨時給自己小目標去達成，消化掉今天的額度就是達標。「達標！達標！達標！」常常達標就會有信心，不要常常潑自己冷水的方式才是對的。

蔡律師驚語錄

進度的擬訂在於精確地計算出，究竟每天需要消化多少的學習數量。因此，規畫的重點並不在於什麼時候開始念書，而是每天都要將所預定的額度念完為止才能休息。

6 精打細算：
考慮每個科目的報酬率

　　除了選定大多數是自己擅長科目的考科來增加考上的機率之外，還要進一步根據每個科目的報酬率，分配不同的準備時間。

　　越擅長的科目，報酬率越高，所以要分配更多時間；當然，若選擇的考科，每個科目都是擅長的，那就很有優勢，但如果左挑右選，只能找到大部分科目是擅長的，但其中還是有一兩科是不太擅長的的考科，那麼，應該把時間花在自己比較擅長的科目上，至於不擅長的科目，挑記得住的快快看過去就好。**與其在自己不擅長的科目上花太多時間，倒不如多看看擅長的科目，盡量多要一些分數。**

　　當然，一定有人認為就是因為不擅長的科目，要花更多時間才能拉高整體分數。這樣也不能說是錯的，主要的關鍵還是時間。

你準備考試的時間夠嗎？

如果你準備考試的時間比較緊迫，那麼就不用想拉高整體分數這件事，好好把擅長科目的分數穩穩拿到就好了；如果你準備考試的時間比較充分，那還是應該先把大部分的時間花在擅長的科目上，不擅長的科目先快快看過去就好，等到擅長的科目都看熟了，距離考試還有時間的話，再把不擅長的科目補上，多花一點時間閱讀研究，或者請教別人。

畢竟擅長的科目都看熟了，心裡會比較踏實。如果反過來，先把時間花在不擅長的科目上，這樣閱讀的速度一定會變慢，慢到心裡會著急，覺得考試很難。原因就是出在花太多時間在不擅長的科目上了。

同一件事情，一開始覺得容易的話，最後可能比較做得到；同一件事情一開始就覺得困難的話，可能會放棄，後面就比較難做到了，所以同樣做完一件事，先後順序也是很重要的。

→ 一加一要大於二，把時間花在反饋率高的科目上

　　以上是關於擅長與不擅長科目之間時間的分配。除此之外，針對每個科目的章節也要根據報酬率來分配準備的時間。以我曾經參加不動產經紀人考試，也是其他考科經常出現的民法概要來說，範圍大又準備不易，可是，看一下整部法律每個編章節的比重，要如何分配時間，其實就一清二楚了。

　　例如：民法分為5編，包括之幾以及刪除的條文通通算的話，總共有1368條，其中第1編總則有154條，第2編債有663條，第3編物權有277條，第4編親屬有190條，第5編繼承有91條。

　　一看也知道，債編條文數量快過半，是最多最不好念的；再來是物權，準備上可以將時間多分配在民法總則、親屬、繼承這三編。尤其是繼承編，法條最少，而且跟親屬編一樣，幾乎都是純粹記憶的條文，所以投資報酬率更高，值得花時間多看一點。

　　光想到民法概要要考60分，的確不太容易。所以準備考試，要有拿基本分數還有湊分數的概念。因為，申論題比較

難，占了50分，簡單的選擇題也有50分啊，可不可以選擇題拿個40分以上，那麼申論題只要再拿20分就有啦，對不對？所以，選擇題的分數要盡量拿到，像上面提到的親屬、繼承比較多純粹記憶的部分一定要看熟，基本分數就有了。

　　至於申論題部分，考試時無論如何要把看過記得的內容，尤其是關鍵字盡量寫上去，這一部分在「考試10祕訣」的章節會再進一步說明。

蔡律師驚語錄

　　越擅長的科目，報酬率越高，所以要分配更多時間，先好好把擅長科目的分數穩穩拿到就好了；等到擅長的科目都看熟了，心裡也比較踏實，若距離考試還有時間的話，再把不擅長的科目多花一點時間補上，至少拿些基本分數。

時間就是金錢：
即使補習也要挑三撿四

　　前一個章節提到擅長跟不擅長科目的時間分配，如果不擅長到幾乎整科都念不懂的話，那就要考慮是否補習。要不要補習？也是很多準備考試的人，經常思考的問題。

　　不能否認，補習有幾個好處：

　　第一，自己念書可能看不懂的地方比較多，補習班有老師教，有問題還可以發問。

　　第二，能在補習班混口飯吃的老師一定都有兩把刷子，不管是把枯燥的內容講得活潑生動，或者是用一些口訣讓難記的內容變得好記，都能增加念書的效率。

　　第三，通常自己一個人念書可能定力比較不夠，報名補習班按表操課，固定時間就得坐在那聽老師上課，說穿了，就是花錢請別人逼自己念書的概念。

　　所以，要不要補習，其實是看每個人自己的需要。如果考試的科目內容比較艱澀，尤其又是非本科系，要理解很困難的話，可能就有補習的必要。

　　像我自己念的是法律，常常聽別人講法律很難念，所以感受特別深刻。

　　不是念法律系的人，通常會這樣說：「唉呦！那個法律喔，書一打開看了就想睡覺。」所以我常說，精神科醫師其實也不用開安眠藥，應該拿兩本法律書給睡不著的人，保證好睡，而且不用吃藥又不傷肝。

　　問題是看看各種考科，考法律科目的還真不少，最普遍的像是行政法、法學知識等等。如果你要參加的考試其中有念不懂的考科，乾脆把整科完全放棄，然後靠其他科目來拉分數，說實在這難度實在也太高了。

遇到自己念不懂的科目，不能通通放棄，還是要拿些基本的分數，其實有解決的好辦法。

首先要搞清楚，有時候念不懂並不是科目太難，而是挑到的教材編得太爛了；所謂的爛不一定是亂編，反而是編得太專業了，以至於讓不是讀本科系的人看不懂，當然，市面上真的亂編的書也有，可能不巧挑到這樣的書。所以，先找找看市面上有沒有寫得比較白話，容易理解的教材。

很多考生考取了以後會很熱心寫篇心得文放上網路，這個可以用關鍵字，就是那個考試名稱加上「考試心得」或是「準備心得」搜尋一下，看看有沒有上榜的考生推薦用過不錯的教材，然後先去書店翻一翻，自己也覺得不錯、看得下去的話，就買回來看。

因為，有時候別人看了覺得不錯的書，自己未必也覺得好，所以一定要先翻翻看、讀讀看，不行的話就再找下一本，直到已經找不到、沒得選擇的時候，無法靠自己讀，這時也就只能去補習了。

→| 「保證班」沒有一定在掛保證

　　所謂「補習」，不是全面性的每一科通通補，只要挑選自己比較弱的、理解上有困難的科目補習就好。還有，既然要補習，老師當然也要好好挑。

　　前面說過，很多考上的考生會在網路上寫心得文，除了會提到使用的教材，有的也會推薦教得很好的補習班老師。不過要再次提醒一下，現在實在太多業配文了，要多方查證，不要只看一篇，免得上當。

還有，要找對好老師比較重要！不要只挑便宜的，如果老師好、學費又便宜的當然最好，可是如果教得好的老師學費比較貴，錢還是要花。

有一點要特別注意：有些補習班標榜是保證班，沒考上沒關係，可以不用再花錢一直補到考上為止。

拜託，保證班是不用多花錢啊，可是重考一次就是一年，隨著年歲增長就會知道，人生比錢還重要的就是時間啊！如果上保證班重考算賺到的話，那以後應該不要搭自強號，通通搭電車好了，因為電車更便宜又可以坐比較久，是這樣嗎？當然不是，能快點到目的地，就算多花錢也是值得的！

記得，時間就是金錢。

考試就是人生的一個關卡，那一頭可是有黃金屋跟顏如玉在等你，晚一年顏如玉就老一歲，青春不等人，所以可以的話要用最快的速度過關，千萬別為了省錢卻浪費了時間，尤其一次就是一年，那是絕對不值得的！

　　至於，有一些人其實靠自己也可以念懂，但欠缺恆心，沒有辦法讓自己持續念下去，補習只是為了有人帶進度，像這樣花錢請人逼自己念書的人，其實可以仔細想一想，老師教的速度，一定比不上自己念的速度。

　　畢竟老師一次要帶那麼多人，每個章節有的人會，有的人不會，還是通通都要教，這樣速度一定快不起來，還不如直接買補習班整理的參考書自己念，會的章節可以很快就瀏覽過去了，速度反而會快很多。

　　如果明明自己能讀得懂，自己看也比較快，花錢補習速度反而變慢，這樣感覺就像是花了自強號的錢，結果卻只是電車的速度，那倒不如不要補習，自己念比較好，既快又省錢。

　　至於補習班老師上課會教的一些口訣，其實在補習班整理的參考書裡也有，既然自己能讀得懂，買回來看就可以了。

　　當然，如果真的沒辦法靠自律持續讀下去，真的一定要花錢買個位置才能逼自己讀書的話，那還是去補習吧！因為沒辦法讓自己持續讀書的話，等於是原地踏步，就算是花自強號的錢搭到電車的速度，至少會動比停滯不前好吧！

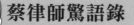

蔡律師驚語錄

　　補習，不需全面性的通通補，視每個人自己的需要。如果考試的科目內容比較艱澀，尤其又是非本科系，要理解很困難的話，這可能就有補習的必要。總之，只要挑選自己比較弱的、理解上有困難的科目補習就好。

狠下心離3C：
閉關斷絕接觸電子產品

現在的人離不開的，一定是手機了。出門忘了帶錢包，可能半天過去了也不會發現；要是出門忘了帶手機，大概5分鐘就發現了。

所以，手機居然比錢包還重要！但是一直滑手機不知不覺時間一下子就過去了，要知道**準備考試最重要的就是寶貴的時間，而手機就是時間最大的殺手啊！**時間不夠的話，把手機收起來，時間就有了。

考生在準備考試的期間，要當一個自律的人，這一點很重要，我也一直做得還不錯。我在金山念到國中畢業以後，來台北參加高中聯招，考上中正高中，因為離家太遠、通車時間太久了，於是我租了學校對面頂樓加蓋的鐵皮屋。

離家在外就是為了念書，心裡想著那就好好念。高中第一次段考成績也不錯，考了全班第三名。我媽看我一個人住在外面，除了書桌、床跟衣櫥，其他什麼也沒有，於是買了一臺手提式行動電視給我當作獎品，用天線接受訊號，而且畫面還是黑白的。

有了電視以後，每天吃飽飯多了一項休閒娛樂，連續劇一看下去就是天天看，雖然書還是有念，但坦白說，看書就開始不專心。常常電視一打開，不小心就看了好久，一個晚上就過去了。第二次段考成績出來，名次退步變成全班二十幾名，還沒等我媽出聲，我自己就把電視打包送回家裡。

自律是值得的！因為下一次段考的成績，我又重回前三名。當然學生不能關在象牙塔裡，還是要接收社會的資訊，所以我會看報紙，放假回家了才看電視。

三年高中生活住在外面沒電視我也習慣了，所以高三畢業那年暑假回家準備大學聯考，我要坦白承認，當時做了一件事，現在想起來還是覺得太誇張！

那年暑假，兄弟姐妹一如往常在客廳看電視，一群孩子在一起難免嬉鬧，而我正在專心準備大學聯考，把高中三年來所

有的課程再好好複習。我的心裡只有一個目標：拚個好大學！在心無旁騖的狀況下，無法忍受一點點的噪音，好幾次拜託兄弟姊妹把電視音量調小，安靜一點讓我可以專心念書，但是想也知道，要一群都是學齡的孩子一直保持安靜，那根本是不可能的任務。

於是有一天我起了個大早，在電視上貼了封條，那張封條還是我前一天晚上特別做好的。上頭就寫著「幾月幾號到幾月幾號這臺電視被查封了，不准打開看，讓我可以好好念書準備大學聯考……」巴拉巴拉之類的。

一個高中生自己畫的封條當然不具法律效力，兄弟姊妹去請了大家長，也就是我爸爸來當裁判，二話不說便把封條撕了。幸好我爸看了內容念了兄弟姊妹幾句，那之後還真的安靜了一陣子。

所以我說，我一直是個很自律的人，當然貼封條這件事實在也做得太誇張了，畢竟考試是自己的事，不能為了自己的考試去限制兄弟姐妹生活的自由。

還好，結果是好的，我考上了政大法律系。

→| 社交暫停、娛樂不行，一切都為金榜題名

大學是快樂的四年，所以有人說，大學的英文university就是「由你玩四年」。但對於法律系的學生來說，畢業了要參加國家考試，尤其讀法律的男生，一定要先考上研究所才有機會留下來準備國家考試，不然畢業了直接當兵去，學長說退伍會只記得口令1234，把法條都忘光光了。所以念了法律系，就注定了要參加一系列包括研究所的考試。

遇到了重要的考試，不光要拋下休閒娛樂，最好還要像修行的大師一樣閉關，連跟朋友見面聊天，在準備考試期間也通通要暫時停止了。

大四的時候開始準備研究所跟律師高考，怕朋友不諒解，我還在門口貼了一首自己寫的打油詩：「國家考試十月間，挑燈夜戰拚命念，閉門謝客實抱歉，但願諸君多體念。」那一年，研究所順利上榜，但律師高考卻落榜了。

為了繼續拚律師高考，不要把時間花在讀書以外的事情上面，我還曾經把電腦桌機的網路卡拆下來，請一起住在研究生宿舍隔壁的同學幫我保管。

那個年代玩的不是臉書，而是BBS，有台大椰林風情、政大貓空行館、中山大學美麗之島等等，透過站台就可以認識新朋友，也可以傳遞訊息，即時聊天。

不考試的時候消磨時間沒什麼關係，碰上考試尤其落榜了，檢討起來時間都花在這上面，當然要改變。索性把網路卡拆了，電腦只剩下打報告的功能，告訴自己等考上了再重回網路世界。

那年我就考上了律師，所以與世隔絕是值得的。古代有句話說「十年寒窗無人問，一舉成名天下知」，現在參加考試應該不用花到十年光陰那麼誇張，一年閉關無人問，一舉成名自己知，也是一件超爽的事！

　　尤其現在電子產品比起我當年考試時還要多更多，小小一個手機上面就有好多APP，大家應該都有這樣的經驗：看看臉書上人家按的讚，還有幫別人按讚……一小時就過去了；或者打開網路要查個資料，看到有趣的新聞一則一則看下來，又一個小時過去了。除非真的是定力很好、可以抗拒誘惑的人，否則一看就停不下來。所以我向來都是選擇乾脆把東西通通收起來，讓自己連抵抗誘惑的挑戰都不存在，這樣自然可以把時間通通留給考試。

　　就像我當年把電腦的網路卡拆了，只剩下打報告的功能，現在應該要把智慧型手機換成只能打電話的智障型手機，才不會老是手癢，手機一拿起來又開始浪費時間，其實也是個不錯的方法。

　　可是考試難免有些時事題，完全不接觸資訊怎麼行？沒錯！考生還是要關注時事，但是那未必要靠自己手邊的電子產品，可以看報紙或者吃飯的時候看看電視新聞，還是可以知道社會上發生了哪些事。重點是準備考試的期間只要看看標題，知道最近發生了什麼事就好，看到跟考試有關的範圍再特別準備一下，應付可能會出的時事題這樣就夠了。

　　當然不見得每個人都做得到完全斷絕接觸手邊的電子產品，所以還有一個好辦法：就是把使用電子產品當成是鼓勵，規定自己讀完多少數量，才可以使用手機多久。忍不住想看手機，可以啊，先把書念完，這樣滑手機越久，也代表書的進度讀了不少，最起碼得到獎勵，這樣子手機就會變成是甜美的蜂蜜，而不會是準備考試的毒藥了！

蔡律師驚語錄

　　考生在準備考試的期間，要當一個自律的人！準備考試最重要的就是寶貴的時間，而手機就是時間最大的殺手。遇到重要的考試，不光要拋下休閒娛樂，最好還要像修行的大師一樣閉關，連跟朋友見面聊天，在考試期間也通通要暫時停止。

調整作息：
把握考前一個月黃金時期

從準備考試教材「一科一本」開始，計算出每天要閱讀消化的教材數量以後，對於每天不用工作專心準備考試的人，可以安排好讀書計畫，日出而作、日落而息，規律地把每天的額度消化掉，這樣的作息是可以比較規律的。

但是日出而作、日落而息的意思，就是要早睡早起啦！有些人習慣日夜顛倒，喜歡白天睡覺晚上看書，精神比較好。說穿了就是夜貓子，也有可能是晚上比較沒人吵，可以比較專心。但是「晚上精神好」這件事情問題就大了，晚上精神好那不就代表白天精神不好，生理時鐘已經完全錯亂掉了。

考試的時間通常從早上八點鐘開始，對日夜顛倒的人來說，早上八點正是想要睡覺的時候，當然不至於在考場裡面趴下睡著了，但總是要勉強自己強打精神作答，無法完全發揮正常實力，這對於考試來說並不是一件好事。

在考場作答時，應該是要維持神清氣爽，精神最好的狀態。

可以嘗試一下特別早起。像早上五點就起床開始念書，那時候也很安靜，讀書效率也很高，當然前提是要睡飽。所以前一天一定要早睡，自然可以早起。

這也是很多夜貓子覺得最困難的地方，就是因為晚上睡不著，所以白天起不來。但是不要忘了，這可是在準備考試的期間，所以每天都要讀書，如果都有照計畫落實，睡覺前不是在滑手機而是在念書，都已經念了一整天的書了，甚至連睡覺前都還要念書，應該會很累，不會不想睡才對。睡不著的人，可以試試這個方法，一定要逼自己念完今天的額度才能睡。

人的心態是這樣的，應該做到的不想做到，越得不到的越想得到。

「念完才能睡」這句話，前半段是念完，所以應該要念完的，人的心態就會有點不想念，但是為了要考試沒有辦法，只能逼自己一定要念完囉！後半段是要先念完才能睡，所以，人的心態會想要偷懶，沒念完就想睡了，更何況好不容易都逼自己念完了，怎麼可能會不想睡呢？

所以，相信我，如果有按照考試計畫認真念書的話，早睡不是問題。可以的話，要把整個準備考試期間的作息通通調整過來，真的做不到的話，最晚考試前兩個星期也一定要把作息調整過來，才不會發生進了考場，考試的鐘聲一響，卻昏昏欲睡的窘境。

→| 保持應考最佳狀態，倒數兩週是關鍵

一邊工作還要一邊準備考試的人，更辛苦了，每天要先把本業的工作完成以後才能開始讀考試的教材，而且一定要把預定的額度通通念完，才能上床睡覺。日也拚、夜也拚，長久下來生理時鐘同樣都亂掉了，難免白天也就是考試的時間會有精神不濟的狀況。

像我自己四十歲那一年參加不動產經紀人考試，就是一邊工作，一邊準備考試，我就體會到這樣的狀況。

我的本業是律師，雖然號稱是自由業，不用朝九晚五打卡上班，但每天比八點更早開始工作，或者五點還沒下班是經常發生的事，其實一點也不自由，如果形容為責任制還比較貼切一些。只要事情沒有完成，就是自己的責任，要通通做完了才能下班。

　　一件案子判決結束了，又會有新的案子進來，手上幾乎都保持四五十個案件在處理，每天要跟當事人開會、討論案情、寫狀紙、到法院開庭、閱卷，還包括當事人隨時會來電諮詢……每天工作一結束，我趕快洗個澡提神醒腦一下，馬上坐在書桌前面把今天該念的額度消化掉。

　　大部分開始念書的時間是將近晚上八點了，甚至有時本業的事情通通處理完畢時，已經快晚上十一點，洗個澡都半夜十二點了，但不管幾點開始念書，我一樣要把當天的額度念完才能睡覺。夜深人靜的時候，一個人堅持著把書念完，那時候才能體會準備考試的辛苦。

　　對於從小參加大大小小各項考試的我來說，「堅持念完才能睡覺」並不是難事，只是那陣子經常養成晚睡的習慣，到了白天的確會有精神不濟的感覺。所以到了考試前一個月，我刻意讓自己最晚要在半夜十二點半之前睡覺，早上最晚六點半起床，這樣才能配合考試的時間，慢慢把作息調整回來。

每天要在半夜十二點半之前睡覺，那麼假如當天的額度沒有念完怎麼辦？因為已經是考前一個月了，說實在我已經把教材讀了好幾遍了，閱讀的速度也越來越快，偶爾真的有沒念完的部分我會累積到假日去，再一次把剩餘的頁數通通念完，追上進度。

　　在準備考試的前面階段，要把重心放在每天預計消化的額度，堅持下去，不管念到多晚也不能例外，這樣才能養成習慣，並且藉此熟悉教材的內容，即便因此打亂生活作息也還有調整的機會。

　　但是在準備考試的最後階段，則要把重心放在作息的調整，畢竟這時候已經準備教材一段時間了，不把作息調整好，萬一發生失常的狀況，那就得不償失了。

蔡律師驚語錄

　　如果可以，一個月前要把整個準備考試期間的日夜顛倒作息通通調整過來，最晚考試前兩個星期一定要做到，才不會發生進了考場，考試的鐘聲一響，卻昏昏欲睡的窘境。

兩年計畫：
至少給自己第二次機會

　　參加考試的人，當然最希望第一次就考上。可以第一次參加考試就考上，非常恭喜！但是沒考上也不要心灰意冷，如果這樣就放棄了，實在很可惜！

　　因為考試就跟爬山一樣，第一次去爬的山會覺得特別遠，因為之前完全沒去過，不知道距離。第二次再去爬同一座山，會覺得變得近好多，那是因為有了第一次的經驗，心裡已經清楚距離了。

　　所以，如果第一次沒考上雖然可惜，但至少知道距離在哪裡了。透過真正的考試，會更清楚知道要怎麼準備、怎麼念書、怎麼抓重點，所以千萬不要一次沒考上就放棄了，一定要給自己第二次的機會。

我自己這輩子也有落榜的經驗。

大學畢業考上政大法研所，搬進研究生宿舍準備律師高
考。放榜那天，因為考試院也在木柵距離不遠，所以我騎著紅
色小豪邁到了考試院外面的布告欄等著看榜單。看到工作人員
拿著紅紅的榜單張貼好了，跟著一大群人湊近到前面想找自己
的名字，看了第一遍沒看見，又看了第二遍還是沒看見，確定
沒考上，於是落寞的騎著機車回宿舍。

一進宿舍，同學彼此之間道賀聲不絕於耳，能讀到法研所
的同學都有相當的實力，住我對面、左邊、右邊的同學都應屆
考上了。我卻只能
安靜的回到自己的
房間，關上門。

說真的，那種感覺非常不好受。從小到大，不管是考高中、考大學或是考研究所，從來沒有落榜過，那是我人生有史以來第一次落榜。在這邊要謝謝當時一起住在宿舍的同學們，陸陸續續一個個敲我房門，鼓勵我再接再厲，甚至還有同學把自己畫過重點的書，還有筆記通通借給我。有了同學的支持鼓勵，自己當然絕對不能放棄，要更努力才可以。

可是，落榜以後，繼續準備隔年的考試，卻發現跟第一次準備心態不同了，念書念到一半的時候老是會想起落榜這件事。

其實想到落榜，一點用也沒有，只是浪費更多這次準備考試的時間而已。**不管用任何方法，一定要讓自己忘掉落榜這件事，至少想到這件事的次數要減少。**

我不反對在桌子上貼一些標語，像是「雪恥」、「考上了才能證明自己」什麼之類的都可以，反正只要讓自己有動力專心回到準備考試這件事情上面就對了。

給自己第二次機會，並不是說讓自己第一次準備考試可以稍微偷懶的意思，想說反正還有第二次機會嘛！這樣想就錯了，畢竟重考是不得已的。第一次準備參加考試，一定要全力以赴，千萬不要把還有第二次機會當成是放鬆的藉口，每年的錄取率有高有低，要把握每一次機會才可以。

　　有沒有全力以赴自己知道，拚了還是沒上至少心裡不會懊悔，來年再準備一次，才不會老是想：「如果當時再多努力一下，是不是就會考上了？」雖然一次就考上是真的很棒，但若真是拚了卻沒考上，就再給自己一次機會，畢竟有了經驗，考上的機會一定會比第一次來得更高，不要嘗試第一次就輕易地放棄，那就太可惜了！

蔡律師驚語錄

　　參加考試的人，當然最希望可以第一次就考上。但如果第一次沒考上也千萬別灰心，至少會更清楚知道要怎麼準備、怎麼念書、怎麼抓重點，所以千萬不要一次沒考上就放棄了，一定要給自己第二次的機會。

第三章 「念書10大招」，事半功倍！

面對考試，不是把書讀完就好，一定要有效率的閱讀。為什麼別人念書都記得住，自己卻記不起來，因為別人的記憶力比較好嗎？不不不，記得住其實有各種聰明的好方法，有時候靠的是想像力而不是記憶力，而且，不光只能用眼睛看書，嘴巴、耳朵通通都要派上用場。用對方法，不光是記得住，連想忘都忘不掉！

念書大招 **1** 「**標準答案**」記憶法

對於考試而言，題目是什麼很重要，但更重要的是答案，因為只有答案對了才有分數，答案錯了，那分數就沒了。

所以準備考試，最重要除了讀書，更重要是把答案記下來。考題通常分成選擇題跟申論題，當然要把答案記下來的方法，也會因為選擇題跟申論題的形式而有所不同。

比較上來說，選擇題是比較容易拿分的部分，因為試卷裡起碼有答案印在那裡，看到想得起來就好；相較於申論題，是白紙上要無中生有，自然難度就更高了。所以選擇題重要的是印象，未必要全部記得，只要有印象就能選出正確的答案。

因此，選擇題的準備方式，不外乎就是要多看多看再多看，看到直覺就能反應出答案，那是最好的。在這裡，大家要特別注意其中一個細節，就是選擇題有不同的出題方式。

舉例來說，請問下列哪一個答案是正確的？

Test:

(A) 金城武是中日混血

(B) 王建民是紅襪投手

(C) 湯姆克魯斯得過奧運金牌

(D) 李奧納多狄卡皮歐演過
楚門的世界。

答案是(A)，其他三個答案通通是錯的。準備考試的時候，我會乾脆把錯的答案刪掉，下一次只看對的部分，也就是只看「金城武是中日混血」，其他通通不看。

Test:

(A) 金城武是中日混血

(B) ~~王建民是紅襪投手~~

(C) ~~湯姆克魯斯得過奧運金牌~~

(D) ~~李奧納多狄卡皮歐演過楚門的世界~~

我相信有人會說，錯誤的答案也有學習的價值，例如以選項B而言，下次考題可能會出王建民曾經待過的球隊有哪些，像洋基、國民、皇家。這樣說的話，也應該是把王建民跟洋基、國民、皇家串在一起，而不是像錯誤的答案那樣，把王建民跟紅襪串在一起，老是看王建民、紅襪，看久了會產生混淆，錯誤的答案對記憶來說，根本是來亂的。

　　而且，把每個錯誤答案都更正以後再記憶，這個會沒完沒了，像選項B不就還要記紅襪的投手有誰？選項C要記得湯姆克魯斯是演員，奧運金牌有誰？選項D要記得李奧納多狄卡皮歐演的是鐵達尼號，楚門的世界是金凱瑞演的。本來只是簡單的選擇題，變得多複雜啊！而且，也太花時間了，倒不如把錯誤答案刪掉就好。

　　另一種出題方式剛好相反，下列哪一個答案是錯誤的？(A)林志玲嫁給言承旭 (B)舒淇嫁給馮德倫 (C)高圓圓嫁給趙又廷 (D)林心如嫁給霍正華。答案選錯的，所以是(A)，其他三個答案通通都是對的。同樣的，我會把錯誤答案(A)刪掉，只看其他三個正確答案就好。

　　你看，舒淇搭馮德倫，高圓圓搭趙又廷，林心如搭霍正華，一個搭一個簡單又好記，又不會有錯誤答案來亂的。

只看對的，不看錯的，就是準備選擇題最好的方式。記得，選擇題只要有印象就好，所以讀得深不如讀得快。

Test：

(A) 林志玲嫁給言承旭 ✓
(B) 舒淇嫁給馮德倫 ✓
(C) 高圓圓嫁給趙又廷 ✓
(D) 林心如嫁給霍正華 ✓

→| **抓出關鍵字，化繁為精記得住**

那難度比較高的申論題，又要如何準備呢？想到申論題，就是要寫落落長的一大段，如果是有書可以抄，寫落落長的一大段還好辦，問題考試是憑記憶，落落長的一大段那可不好背

啊！所以一定要先把落落長的一大段抓出重點的名詞。對啦，就是先把「關鍵字」找出來。

以我參加的考科來說，有一科民法概要裡有「緊急避難」的定義，也就是民法第150條規定「因避免自己或他人生命、身體、自由或財產上急迫之危險所為之行為，不負損害賠償之責。」

生命、身體、自由、財產、急迫危險就是重要的關鍵字，可以用鉛筆或有顏色的筆畫起來，看起來就會變成「因避免自己或他人**生命**、**身體**、**自由**或**財產**上**急迫之危險**所為之行為，不負損害賠償之責。」關鍵字經過特別的註記，閱讀時在關鍵字上多停留一些時間，自然就會加深印象。

再來，有很多的文字很繞口不好記，其實不用一字不漏的背下來啊，用白話的內容去記也可以，例如上述的例子，緊急避難可以這樣記「為了避免自己或者他人生命、身體、自由或財產上急迫危險所做的行為，可以不用負損害賠償的責任。」寫考卷的時候，像這樣用白話文寫出來也可以，至於條文的號碼，像侵權行為是第184條這個大多數人都會記得的就寫，至於其他不記得條文號碼的，寫出內容就可以了。

Step 01

重要的關鍵字，可以用鉛筆或有顏色的筆畫起來：

「因避免自己或他人**生命**、**身體**、**自由**或**財產**上**急迫之危險**所為之行為，不負損害賠償之責。」

Step 02

文字若繞口不好記，用白話的內容去記也可以：

「為了避免自己或者他人生命、身體、自由或財產上急迫危險所做的行為，可以不用負損害賠償的責任。」

　　所以準備考試時不光只是讀書而已，還要背答案，當然不能只是一個字一個字讀，要學會抓重點。選擇題就是看標準答案，申論題就是看關鍵字，抓住重點，準備考試才能簡單好記又有效率。

蔡律師驚語錄

選擇題的準備方式，不外乎就是要看標準答案，多看多看再多看，看到直覺就能反應出答案，那是最好的。而申論題則先把落落長的一大段抓出重點的關鍵字，才能化冗長為精簡更好記。

念書大招 **2** 「聽錄音檔快步走」記憶法

　　準備考試，不能天天坐在書桌前面，坐太久了人會不健康，體力也不好，一定要養成規律運動的習慣，這樣人健康了，心情好了，連記憶力也變好了！

　　準備考試期間，我一定會養成固定運動的習慣，就算平常偷懶了，但是每逢準備考試，我一定會改回來，每天到附近的體育場繞著操場快走30分鐘，而且絲毫不浪費時間，一邊走還可以一邊聽自己背誦的錄音檔。

　　別以為快走是少數人在做的事，你可以立刻到操場看看，你會發現快走的人比跑步的人還多，而且多到超過你的想像。

　　長時間準備考試，難免讓人覺得懶懶散散，讓自己規律的運動，時間一到精神自然就來了，而且有醫學研究報告，運動的時候腦部會分泌安多酚，這又稱為快樂荷爾蒙。對啦！就是

會讓人感到快樂，準備考試的期間偶爾難免會有些鬱悶，快樂就是最好的解藥啊！還有不是都說「因為讀書不知道死了多少腦細胞」，運動運動還可以增加腦部的血流量，讓腦部得到更多的營養。我個人感覺，運動讓我神清氣爽，連記憶力都變好了！

再者，準備考試最害怕二種情況：一種是書一打開就睡著了，那是精神不好；一種是壓力大到睡不著，那是精神太好，也叫做失眠。保持運動的習慣，不但一整天精神變好，晚上睡覺時間到了，自然就會想睡，多好！

當然不光是要你精神好而已，還要趁著運動精神好的時候，把握時間讀書。讀書，這怎麼可能？總不會一邊走路一邊翻書吧！當然不行，認真的快走才能達到運動的效果，所以要雙手擺動，雙腳抬高，還要配合呼吸，但是這樣就沒有手可以拿書，就不能讀書了嗎？當然可以。

人有眼睛，也有耳朵，一般是用眼睛看書沒錯，別忘了用耳朵聽也可以學習啊！像流行歌曲聽著聽著不就會唱了，還有現在很流行聽學習的音檔，也就是在通勤的路上播放MP3或打開APP，不論是搭車或開車，沿路就可以學習。既然準備考試的時間很寶貴，一邊快走時也別把時間浪費了，可以一邊用耳朵聽書，就像在車上聽學習音檔一樣。

→ 哇，耳朵驚人的學習效果

哪來的學習音檔啊？這有兩種來源：一種是補習班準備的；一種是自己準備的。

有參加補習的人，除了講義之外，有的教材還有老師教課的教學影音檔，除了平常可以看之外，在運動場快走的時候，也可以灌到手機裡，一邊快走一邊用聽的。

至於像我參加考試沒有補習的話，我會趁讀書的時候，特別把比較複雜需要記憶，當下不容易記得住的內容，打個星號，順便把那頁折起來。等讀到一個段落累積了一些需要背誦的部分，我會站起來走走，然後像個大詩人一樣，有時候想像自己是李白，有時候想像自己是徐志摩，把剛剛打星號摺頁的**部分，大聲地朗讀出來，除了當下用聲音增加自己的記憶之外，我同時會錄音，累積留存下來變成一個一個段落的錄音檔，都是需要反覆背誦才記得住的內容，然後趁每天快走精神很好的時候，就可以一邊聽自己的錄音，加強記憶。**

當然，我不是李白，也不是徐志摩，那都是幻想的，準備考試的時候用一些特別的花招，反正永遠讓自己保持精神奕奕的，朝向目標前進就對了。

　　只要會唱「當我們同在一起」這首歌，就別說自己記憶力不好，聽多了自然會唱是不是？考試也是一樣，把內容多聽幾遍，朗朗上口一定也可以記下來，就算記不得全部，起碼也會記得一部分，像有些歌也很複雜，開頭不太會唱，但到了副歌也能哼上兩句，為什麼？因為副歌聽多了熟悉啊，其他段落沒聽就比較不會唱了。

　　所以只要熟悉自然就會記住，準備考試的時候就是要讓自己多熟悉教材的內容，多聽幾遍，想忘也忘不了。在準備考試的時候，不光可以用眼睛看，也可以用耳朵聽，試試看才會知道用耳朵幫助記憶的效果有多好，保證也會超過你的想像。

　　而且，既然有錄音檔就別浪費了，平常搭車、開車可以聽，搭捷運通勤時也別閒著，坐著的時候可以拿書本起來看，沒得坐也沒關係，耳機一塞還是可以反覆聽錄音的內容，眼耳並用不光是效果更好，同時還可以爭取更多準備考試的時間。

　　繞著操場快走向前，你會很專注的看著眼前的目標，同時，耳朵聽著考試內容的錄音檔，準備進度也不停的向前呢！

蔡律師驚語錄

　　人有眼睛也有耳朵，一般是用眼睛看書沒錯，別忘了用耳朵聽也可以學習啊！像流行歌曲聽著聽著不就會唱了，還有像國外很流行聽學習的音檔，也就是在通勤的路上播放音檔，一邊搭車或開車沿路就可以學習。

念書大招 3 | 「資料分類」閱讀術

看書，不就是把書拿起來從第一個字開始念到最後一個字嗎？甚至可以隨你高興，喜歡的段落還可以重複多念幾遍，細細欣賞咀嚼每個文字。

拜託，為了休閒讀小說的話可以這樣，但如果是為了準備考試而讀書，想要考高分的話，當然不能這樣念了。從第一個字開始念到最後一個字，那只能說是讀完，而為了考試讀書，除了讀完，更重要的是要有效率，才能夠用最短的準備時間，把資料多讀幾遍。

那麼，不能只是讀完，還要有效率的讀書的話，應該怎麼做呢？首先，要把資料分類。

　　我想準備考試的人都有這樣的經驗：有些內容是怎麼讀也記不起來的，一定有吧？準備考試的目的是進考場要拿到分數，花時間念了也記不起來的東西，對準備考試而言，一點用都沒有，而且還浪費了時間，拖累進度，記不起來又衝擊自己的信心。倒不如把記不起來的部分放棄，把時間用來念後面記得住的東西，要知道，難的題目出了一分是一分，簡單的題目出了一分也是一分啊，把時間卡在難題上，也許後頭有些簡單好拿分數的卻沒時間看了，這不是很可惜嗎？

　　所以念書的時候，要讓自己像個撐竿跳高手一樣，把讀過也記不住的地方跳過去，可別像農夫插秧一樣，一定得從頭插到尾，時間一久，可是會連撐竿跳的車尾燈也看不到了！

　　像我念的是法律，在準備不動產經紀人考試的時候，偏偏有個科目是不動產估價概要，那裡頭有些非常繁複的計算公式，例如，有一個計算未來收益的公式是這樣的：

$$P=a1/1+r +a2/(1+r)2 +a3/(1+r)3 +........ +an/(1+r)n$$

　　這只是前半段而已，後頭公式還要改寫連 Σ 都出現了，天啊！你也別問我a1代表甚麼，r跟n又代表什麼，就算後來考試放榜了，我是全國第二名也沒辦法告訴你。

坦白說，這對我而言太難了，準備考試的時候我就非常清楚，這麼複雜的公式要理解不容易，就算當時花時間弄懂了要全部記下來也不容易，所以決定直接在書上畫大叉叉放棄，我心裡想，就算真的考出來會的人應該也不多，倒不如趕快挑後面容易的部分來念。

結果，我的策略是對的，把一些困難的跳過不念，最後還是考上了，而且成績還不錯。

所以，準備考試重點並不是要把所有的內容一字不漏的完全弄懂、弄通，拜託，錄取標準又不是一百分，甚至絕大多數錄取分數只有五六十分而已，所以，只要把握自己能拿的分數通通拿到，那就夠了。

用一百分的準備方式讀書，嚴重拖累進度，最後分數反而比較低；懂得放棄，困難的跳過去，好拿的分數穩穩拿，最後分數反而比較高。

準備考試，最怕原地踏步，有時候看書翻了半天，還是停留在同一頁，就是因為硬要把搞不懂的東西搞懂，到頭來既沒搞懂也沒記下來，時間卻越來越少，心反而慌了。

記得，準備考試的時候，要懂得把難題跳過去，放棄一棵樹，才看得到下一片豐沃的森林啊！

→| 念書不鑽牛角尖，輕鬆拿分樂翻天

剛剛說的是太難，至於有些內容正好相反，是太簡單的，只要看一遍就會記起來的，也有吧？例如說，房子是歸類為人還是物？房子是不動產，當然是物，這不用說吧，就算不知道，看過一遍也記起來了，像這樣的內容就不用反覆閱讀了。

花時間反覆念本來就記得的東西，會很輕鬆也很有信心，但說穿了實際上也是在浪費時間，沒有效率。

要有效率，就應該把時間花在閱讀那些只讀一次記不起來，但多讀幾遍就會記起來的部分。例如說，考題裡常常出現一些數字、比例，或者是比較繁複的規定等等。像數字的東西，多讀幾遍就有直覺反應，比較繁複的規定比如說有八個項目，多讀幾遍就算不能完全記得，記個四、五樣總有。

你要知道，做實驗或寫論文要徹底研究、錙銖必較，但是準備考試的話，**看得深還不如看得快，讀的次數絕對贏過深入**

的閱讀，多看幾遍自然就記得住了，所以把考試資料在考前至少看兩遍是最基本的。如果常常卡在困難的章節，導致進考場前連一遍都沒看完，這樣當然不容易考上。

還有什麼是困難的東西，對每個人來說會不一樣，像我前面舉例的，複雜的計算公式對我而言是比較困難的，但或許對有些人來說，這反而是簡單好拿分數的。

當然，也不是所有的計算公式看都不看就認為難通通都跳過，真正複雜的可以放棄，但是簡單的，或者雖然有點難度，但是多讀一下還是能夠理解的，那就要歸納成多讀幾遍就會記起來的部分。這部分的分數還是要拿，而不是通通當作是怎麼讀也記不起來的部分而放棄了。

舉例來說，同樣是不動產估價概要，以收益資本化率反推不動產的價格的公式：$P=a/r$，P就是不動產價格，a就是每年淨收益，r就是收益資本化率。

例如：每年淨收益是20萬元的不動產，收益資本化率是2%，套用上面的公式就可以得出不動產價格是1,000萬。

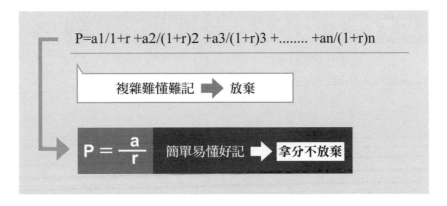

這一部分我就不會放棄了，為什麼？因為仔細想想並不困難，而且先不用管公式是什麼，用白話的方式去理解，多少價值的不動產，每年有2%的投報率，可以賺到20萬元？那不就是1,000萬嗎？像這樣能夠理解又不是太困難的，當然不能放棄。

所以，準備考試跟讀小說是完全不同的兩回事，小說一個字就是一個字，但是為了考試而讀書，每個字的價值不一樣，為了準備考試讀書，一定要先把資料分類，分成怎麼讀也記不起來的、看一遍就記起來的，還有多讀幾遍就會記起來的總共三部分。

如此一來，怎麼讀也記不起來的下次不用念了，節省時間；讀一遍就記起來的下次也不用念了，節省時間，可以越讀越快，而且把省下的時間通通花在多讀幾遍就會記起來的部分，自然就有效率。

課本裡學不會的內容不用記！用黑筆塗掉！

　　因此，準備考試，第一輪的時候要將資料篩選，可以用不同顏色的筆或者用不同的記號來做分類，看一遍就記起來的可以不用特別標記，怎麼讀也記不起來的，可以率性一點，直接在書上面畫個大叉叉都沒關係，至於多讀幾遍就會記起來的可以打個勾，這就是第二輪以後要特別加強閱讀的部分。

　　分類只要簡單，自己看得懂就好，書是拿來念的，不是拿來照顧的，把書畫亂畫爛都沒關係，重點是讀完要考上，反正書本考上了也沒用了，就算考不上有時候也要買新改版的，所以把自己當作是畢卡索畫抽象畫那樣做記號都沒關係，看得懂

就好。畢竟時間要拿來讀書，而不是為了把分類的記號弄得漂漂亮亮的，卻花了太多時間，這樣做就有點本末倒置了。

　　資料分類以後，看書的速度就可以加快，像我從一開始大約花兩個星期看完一本，第二輪就可以一個星期看完一本，到第三輪一個星期看完兩本，到一天看完一本，甚至在考試前一天，我已經可以快速把所有考試的範圍都翻過一遍，這樣進考場，就會非常踏實有信心。

蔡律師驚語錄

　　準備考試讀書，一定要先把資料分類，分成怎麼讀也記不起來的、看一遍就記起來的，還有多讀幾遍就會記起來的總共三部分。怎麼讀也記不起來的下次就不用念了；讀一遍就記起來的下次也不用念了，節省時間，可以越讀越快，把省下的時間通通花在多讀幾遍就會記起來的部分，自然就有效率。

「精神狀態」選讀法

　　當然，就算靠運動，也不可能一整天都精神奕奕的，因為人是肉做的，又不是機器，換電池就好。

　　一大早起床的時候，睡了一個晚上休息夠了，應該是精神最好的時候；中午該吃午飯了，吃飽因為血液都跑到胃裡，昏昏欲睡也是正常的，這時候小睡充電一下是個好方法。午覺睡醒又是一尾活龍，精神又好了，可以再念個幾個小時；黃昏讀累了吃飽飯洗個澡，精神又來了，念著念著就到了晚上該睡覺的時候。

　　所以，每天念書，有三個精神特別好的時段，分別是：早上起來，中午午睡以後跟晚上洗完澡之後。但是隨著念書的時間越久，總是會出現注意力不集中的現象。

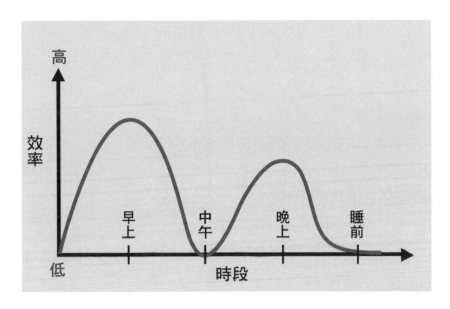

精神好讀書效率高，精神不好讀書效率自然會差一點。要**注意自己每天不同時段的精神狀態跟專注度的好壞不同，安排閱讀不同的考試科目，才能達到最好的效果。**

以考試科目來說，有些範圍比較大，或者更直白的說，根本沒有所謂的範圍，比如說，像是語文類的國文、英文這一些，通通不準備嘛不放心，真的要認真準備的話，其實也不知道具體的範圍跟方向，花太多時間投資報酬率也不高。

有的科目就不一樣了，考試範圍清清楚楚，甚至還有一條一條的編號，例如我應考的其中一項考科－民法概要，全部

一千多個條文，題目無論如何都是從裡面出的，準備方向非常明確，考題好抓，這類的科目花時間閱讀，投資報酬率自然比較高。

那麼，精神好的時段該安排讀哪些科目呢？當然是考試範圍比較明確的科目；至於精神不好的時段，則可以閱讀考試範圍比較不容易確定的科目。

精神好跟精神不好要安排閱讀不同的科目，除了這樣以考試範圍是否明確來區分以外，還有另外一種方法，就是分成自己擅長跟不是自己擅長的科目。精神好的時段可以安排讀自己擅長的科目；精神不好的時段，換成閱讀比較不擅長的科目。也許有人會有不同的想法，既然是不擅長的項目，不是應該趁精神好的時候好好閱讀，效果更好嗎？

基本上你要了解，做任何事情都一樣，要先挑擅長的事情來做，更何況考試是比分數，用最後加總的成績來比輸贏，當然先從有把握的、擅長的開始才對。還有，通常擅長跟不擅長是天生自然的，如果多讀就會變得比原來擅長的更厲害，那就不叫做是不擅長的了。

　　贏的訣竅是先把自己的優點不斷放大，而不是把時間通通花在想要彌補自己的缺點上。

　　所以，面對考試，自己擅長的科目那是基本分，分數不能丟；至於不擅長的科目能拿多少分數就拿多少分數，當然要把精神好的時段留給自己擅長的科目，確保能拿的分數盡量都拿起來。

→ 準備考試，有時要「不求甚解」

　　綜合來說，精神好的時段，應該安排閱讀範圍明確、考題好抓，尤其又是自己擅長的科目。至於精神不好的時段，也別太勉強自己，稍微放鬆一下，可以閱讀範圍比較大，甚至是沒有範圍，或者本來就不是自己擅長的科目，反正範圍那麼大，記不住的也未必會考，本來就不是擅長的科目，多花時間大概也會碰到分數的天花板，輕鬆看過去，能記得多少是多少。

精神狀態佳 效率好的時段	早上 起床	午睡 之後	晚上 洗澡後	適讀科目： 範圍明確、考題好 抓；擅長的科目。
精神狀態糟 效率差的時段	午餐 前	晚飯 前	睡覺 前	適讀科目： 範圍大、考題部好 抓；不擅長的科 目。

　　也不用太擔心這樣好像把某些科目放棄了，基本上人的精神本來就會隨著閱讀時間拉長慢慢變得無法集中，所以每天有精神好的時段，精神不好的時段也不少，所以還是有很多時間花在閱讀範圍大或是自己不擅長的科目。這邊特別要強調的重點是：精神好的時段一定要閱讀自己最有把握的科目，如果反過來精神好去閱讀範圍大或是自己不擅長的科目，事倍功半，投報率低，這樣好像放著一頭牛不抓，跑去追一隻雞，萬一雞還跑了，根本就得不償失啊！

　　永遠記得，對考試而言，唯一的目標只有一個，那就是考上！沒有考試的及格標準是一百分，所以不用把每個科目都設定非考一百分的標準去念。

有句成語「不求甚解」，現在都用來形容一個人學習不認真，只懂個皮毛不深入理解。其實這句成語的出處是陶淵明的『五柳先生傳』，原句是：「不慕利，好讀書，不求甚解，每有會意，欣然忘食。」這句成語原來的意思是讀書只要領會精神，不用在一字一句的解釋上多花工夫。你看，這樣讀書多愉快，會意到了還會開心的忘了吃飯耶！

考試也一樣，考上最重要！要跟陶淵明一樣，沒必要在每個科目的每個字上下工夫，「不求甚解」才是對的，考上的話也會欣然忘食啦！否則的話，在每個科目的每個字下功夫，拖累進度效果又不好，如果因此沒考上的話，恐怕會難過到吃不下飯了！

而且，說句實在的，考上以後分發工作了，長官還會問你哪一個考題如何解答嗎？所以，考試不是追求滿分，而是如何考最高分。純讀書可以求甚解，因為時間不是那麼急迫；至於考試的話，時間寶貴，不但要有進度還要有效率，所以要不求甚解，不用追求每科一百分的標準去念書。其實那也做不到，不如順著分數如何湊出來有把握可以考得上，挑東西讀，這樣讀書的方式才是快又有效。

另外，準備考試時，我會在晚上睡覺前，放著沒有歌詞的音樂，快速的把今天看過的內容再瀏覽一次，這樣做可以增加記憶，也幫助睡眠哦！

蔡律師驚語錄

　　觀察自己每天不同時段的精神狀態跟專注度的好壞不同，安排閱讀不同的考試科目。精神好的時段，應該安排閱讀範圍明確、考題好抓、自己擅長的科目；至於精神不好的時段，則可以閱讀範圍比較大，甚至是沒有範圍，或者本來就不是自己擅長的科目。

「牽拖聯想」記憶法

　　準備考試，有很多的範圍需要背誦，尤其以我自己讀的本科系法律來說，一般人看到法律頭就暈了。我常常碰到很多非法律系的朋友問我：「蔡律師，法律該怎麼念啊，為什麼你們法律書我一打開就想睡覺啦？」

　　既然考試科目裡有很多法律科目，或者跟法律一樣，是特別需要背誦的部分，只要找到對的方法，就不會想睡。

　　首先，可以先理解再背誦的話，會輕鬆不少，印象也會更深刻。像我們念法律系的學生，大一都是從民法總則第一條開始學習起，老師會教導法條背後的觀念跟體系，所以法律不只是表面看到的規定而已，一旦理解了共通的法律觀念，還會知道這樣規定的理由，自然就會把規定記下來了。

這也是一般法律系的學生參加考試比較吃香的地方，各種考試裡面有太多法律科目了，法律系的學生有法律觀念當基礎，所以容易理解跟記憶法律的內容。至於非法律系的學生，礙於修習法律的學分不多，或者根本在學校都沒上過法律方面的課程，理解法條的程度不夠，背誦自然會發生困難。

　　還有，有些法律規定跟理解無關，純粹就是背誦而已，或者說內容較為繁複，縱使理解了還是要背誦，例如遺囑的五種方式，包括：自書遺囑、公證遺囑、密封遺囑、代筆遺囑、口授遺囑。

　　所以，準備考試，除了理解之外，純粹背誦的技巧也是很重要的關鍵。可以先理解再背誦那當然最好，可是，就算無法先理解的話，也要有好的背誦方法。

　　先理解再背誦，那是「真懂」；無法先理解直接背誦的話，只能不懂「裝懂」了。不過，對考試而言，答案對了就是懂，誰管你是「真懂」還是「裝懂」，而且分數是一樣的，是不是？所以，沒辦法真懂的時候也沒關係，裝懂也可以。那裝懂的方法是什麼呢？靠聯想力，把答案串在一起是一個好方法。

這個就像我讀國中念歷史時，有個題目是：八國聯軍攻打中國是哪八個國家？答案是：俄國、德國、法國、美國、日本、奧匈帝國、義大利、英國。老師教大家把每個國家的第一個字「俄德法美日奧義英」串連起來，變成一句諧音，「餓的話每日熬一鷹」，白話的意思是肚子餓的話，每天熬一隻老鷹來吃，說真的，過了幾十年，我始終記得「餓的話每日熬一鷹」這句話，就能推演出是哪八個國家聯合起來打中國。

這個聯想的方法舉一反三，就可以靈活運用在別的考題上。只要句子直白好用，不用管有沒有符合邏輯，也不用管好不好笑，台灣國語，甚至像「法」變成「話」發音漏風也沒關係，記得住最重要。

舉個例子：我準備土地法時，禁止移轉給外國人之土地有七種，包括：林地、漁地、狩獵地、鹽地、礦地、水源地、要塞軍備區域及領域邊境土地。我看到這個時，就在想如何用聯想法把七個名詞串連起來？

首先，盯著每個名詞的第一個字，在腦海中嘗試排列組合，唸著唸著，咦，「漁狩要林礦鹽水」，諧音不就是「魚獸要林【台語：喝】礦（鹽）水」，你想啊，有一隻魚獸，既然是魚嘛要不要喝水？而且這隻魚獸是講台語的，不說「喝」水，而是說「林」水，喝什麼水呢？這隻魚獸是海裡的，所以

礦泉水加鹽巴變成礦鹽水……整個故事結合起來，不就是「魚獸要林【台語：喝】礦（鹽）水」了嗎？

漁地、狩獵地、要塞軍備區域及領域邊境土地、林地、礦地、鹽地、水源地

串連每個名詞的第一個字，取諧音

魚、獸、要、林、礦、鹽、水

魚獸要（林【台語：喝】）礦鹽水

還有故事啊？當然啊，而且還是國台語雙聲帶呢！所以你說準備考試會很無聊嗎？當然不會，你會像個導演一樣，自由自在的編劇情，怎麼會想睡覺呢？編出怎樣的故事不重要，重點是考試內容你已經紮紮實實記住了。

目前為止，你可以當自己是李白、徐志摩、畢卡索還有導演，準備考試其實是一件充滿想像又有趣的事。

換個角度想，用這個方法，是不是可以不管懂不懂內容，也可以把內容給牢牢地記下來？再換個角度想，像這七個名詞就算理解了，記得下來嗎？用聯想法不就搞定了，想忘都忘不掉。

→ 加點想像力，背誦變活潑也更容易

把名詞的第一個字串聯起來，還只是聯想法其中一個模式而已，我還發揚光大把聯想法擴大到時間先後順序的排列。

例如土地法裡，外國人可以取得土地的用途有八種：一、住宅；二、營業處所、辦公場所、商店及工廠；三、教堂；四、醫院；五、外僑子弟學校；六、使領館及公益團體之會所；七、墳場；八、有助於國內重大建設、整體經濟或農牧經營之投資，並經中央目的事業主管機關核准者。看到這個，也許很多人臉都綠了吧，這要怎麼背啊？

首先，這本書教你的考試技巧不是拆開一個一個的，而是要把每個技巧融會貫通的運用，不用追求一百分還記得吧？所以二、營業處所、辦公場所、商店及工廠，記得一個就好，我選擇辦公場所；六、使領館及公益團體之會所，記得一個就好，我選擇使領館；八、有助於國內重大建設、整體經濟或農牧經營之投資，感覺落落長，我簡化成有助國內重大建設，就是要愛台灣啦！

簡化以後就變成了住宅、辦公場所、教堂、醫院、學校、使領館、墳場、有助國內重大建設愛台灣，這樣就記住了嗎？當然沒有。

一、住宅。
二、~~營業處所~~、辦公場所、~~商店及工廠~~
三、教堂。
四、醫院。
五、~~外僑子弟~~學校。
六、使領館~~及公益團體之會所~~。
七、墳場。
愛台灣
八、有助於國內重大建設~~、整體經濟或農牧經營之投資，並經中央目的事業主管機關核准者~~

　　接下來要用串連的方法，照時間先後順序喔！你想啊，這是外國人可以取得土地的用途對不對？外國人剛來台灣要去哪？「使領館」啊，從外國飛來去完時間也晚了，要回哪睡覺？「住宅」啊，睡完覺白天了大人小孩要做什麼？大人去「辦公室」工作，小孩去「學校」念書啊，然後想一想，外國人假日會去哪？「教堂」啊，生病去哪？「醫院」啊，沒救了送去哪？「墳場」啊，所以要活久一點，一定要愛台灣「有助國內重大建設」。你看，這樣是不是記下來了。

再回頭想想剛剛頭一回看到外國人可以取得土地的八種用途，你記得起來嗎？現在經過解說，用時間串聯起來，「使領館」→「住宅」→「辦公室」→「學校」→「教堂」→「醫院」→「墳場」→愛台灣「有助國內重大建設」，你還會忘記嗎？對了，那個「愛台灣」三個字是為了幫助記憶想出來的連結詞，不是原來的答案，千萬要記得可別出現在考卷裡。

準備考試時，「歸納資料」也可以幫助記憶。像我在準備不動產經紀業管理條例時發現，罰則的金額也是熱門的考題，但規定太多不太好記，像是：

第 29 條　經紀業違反本條例者，依下列規定處罰之：

一、違反第十二條、第十八條、第二十條或第二十七條規定者，經主管機關限期改正而未改正者，處新臺幣**三萬元以上十五萬元以下罰鍰**。

二、違反第二十四條之一第一項、第二項或第二十四條之二規定者，處新臺幣**三萬元以上十五萬元以下罰鍰**。

三、違反第七條第六項、第十一條、第十七條、第十九條第一項、第二十一條第一項、第二項或第二十二條第一項規定者，處新臺幣**六萬元以上三十萬元以下罰鍰**。

第32條非經紀業而經營仲介或代銷業務者，主管機關應禁止其營業，並處公司負責人、商號負責人或行為人新台幣**十萬元以上三十萬元以下罰鍰**。

　　公司負責人、商號負責人或行為人經主管機關依前項規定為禁止營業處分後，仍繼續營業者，處一年以下有期徒刑、拘役或科或併科新台幣十萬元以上三十萬元以下罰金。

　　看久了我發現罰款金額的上下限多數很神奇都出現五倍的規則，之後我又去看公寓大廈管理條例的罰則也是五倍，**消費者保護法是十倍，公平交易法則是五百倍**，雖然例外有少數條文的罰則沒有按照這樣的倍數，但高達八九成都是這樣的倍數。

　　於是我把發現的密碼：**不動產經紀業管理條例「×5」、公寓大廈管理條例「×5」、消費者保護法「×10」、公平交易法「×500」**記起來應付考試。

　　比如說，不動產經紀業管理條例考題的罰則，如果出現選項是新台幣十萬元以上四十萬元以下罰鍰，不符合密碼「×5」，我就知道這個答案是錯的，挑符合密碼「×5」的，才是正確答案。

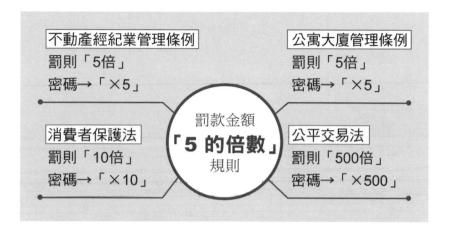

那年就這樣，靠著自己觀察發現的密碼，我輕鬆破解所有罰款金額的題型，可以考全國第二名不是沒有原因的。

因此，讀書的時候，不光是念過去就好，還要細心歸納，看看有沒有共通的原則，找到可以幫助記憶的方法。

不要覺得背東西很難，其實只要用對方法，想忘也忘不掉。要知道，難記的東西，靠的不是記憶力，而是想像力。所以下一次再碰到難記的東西，別再用傳統死記的方法了，就是因為這樣讀書才會變成最好的安眠藥，睡死了就是因為死記啊！

如果可以的話要讓自己變成充滿創意的導演，自由自在的聯想，讓讀書充滿了樂趣，也可以記得住，甚至想忘都忘不掉喔！

蔡律師驚語錄

準備考試，除了理解之外，純粹背誦的技巧也是很重要的關鍵。大家常常覺得背東西很難，其實只要用對方法，想忘也忘不掉。靠聯想力，東牽西扯的把答案串在一起就是一個好方法，不僅增添念書樂趣，也更容易記憶。

「鳥籠」讀冊術

　　準備考試嘛，可不是三、兩天的功夫，短則幾個月，長則大半年，甚至為了考試放棄工作，從年頭讀到年尾，全年無休的都有。

　　那麼，天天一直念一直念，總是會有讀膩的時候，這時候該怎麼辦呢？

　　有時間的話，去外頭走走，呼吸一下新鮮空氣也不錯，但畢竟是準備考試啊，時間寶貴，一讀膩了就暫時不讀了，這挺浪費時間的。而且不可諱言，人可是充滿了惰性，一旦讀膩了就放任自己可以休息，養成習慣了那考試還怎麼準備下去。

　　所以，一旦讀膩了，為了把握寶貴的時間，一定要找到除了暫時休息以外，其他更好的方法。

當準備考試，我一出現讀膩的感覺時，我是用這個方法來克服的，我稱之為「鳥籠讀冊術」。

→| 讀膩了，就換個口味吧

準備考試不會只有一個科目，前面我說過了，我每個科目會挑選一本書，所以如果有五個科目的話，就有五本書擺在我的面前。讀得很順的話，就從第一本讀起，讀完了這本今天的額度，再依順序讀第二本一直到第五本。

如果過程中間發現這個科目額度還沒讀完，就有讀膩了的感覺，那可以先把這本闔上。一直讀同樣的科目，就像一直吃同樣的東西，當然會膩，換個口味就不會膩了，所以從其他今天還沒讀過的科目挑一本起來讀。

反正，總共只有就這五本考試科目的書可以選，不能說考試的書讀膩了，換成拿漫畫或小說起來看那可不行。怎麼挑就是受限於考試科目的書，選擇是受到限制的，就像家裡養的小鳥受限只能待在鳥籠裡，所以叫做「鳥籠讀冊術」。

一本念不下去沒關係，同樣的時間用來消化閱讀其他科目的額度也是一樣，讀完其他科目再回頭來閱讀本來的科目，中間既然已經換過口味了，膩的感覺也會減輕不少。這樣一來，只是把閱讀的順序調整了，完全不會浪費時間。

如果不這樣做，只要考試的書讀膩了就可以改看漫畫或小說，我想，很多人會立刻拋下考試的書去看漫畫跟小說，這樣一來，人自然會更容易產生讀膩的感覺，就是因為想去看漫畫跟小說，畢竟人性嘛！都想挑輕鬆的事情去做，直白一點講就是逃避啦。

但是「鳥籠讀冊術」不能這樣做，這個考試科目讀膩了，唯一替代的選項只能拿起其他考試科目起來繼續讀，既然一樣都是考試的書，也輕鬆不到哪裡去，在無從逃避的心態之下，反而讀膩的感覺次數會減少很多。

蔡律師驚語錄

　　當書讀膩了，一定要找到除了暫時休息以外更好的方法。因為暫時不讀了，是挺浪費時間的。而且人是充滿惰性的，若養成習慣，那考試還怎麼準備下去。換個口味就不會膩，從其他今天還沒讀過的科目挑一本來讀，千萬不能換成小說或漫畫，不然「膩」會更加頻繁的。

「追劇」刺激術

當然，要徹底實施「鳥籠讀冊術」，也就是說，當手上這本考試的書讀膩了，只能拿起另一本考試的書起來繼續念，那也要有相當的克制力。

但是，畢竟是人，難免會有克制力不夠的時候，該怎麼辦呢？很簡單，那就找一個可以鼓勵自己認真讀書的方法吧！

→| 追上劇，同時也追上進度

前面也說過，準備考試時要把所有的電子通訊產品通通收起來，如果完全做得到，那表示非常有克制力，這樣當然非常好，但如果做不到的話，只好退而求其次，同樣可以試試這個方法。

你追過劇吧！不論韓劇、日劇、大陸劇……一集看過一集，總是在劇情正精彩時一集結束了，巴不得趕快看到下一集，這種心理迫切的期待可以好好利用，轉變成讀書的超強動力。

該怎麼做呢？想看下一集，請等一等，**把「追劇看下一集」當作是完成一個進度的獎勵**，想得到獎勵當然要先付出，可以訂出一個標準，例如，設定看完三百頁的額度就可以看一

集，這樣一來，越早把額度看完，就越早可以追劇，而為了越早可以追劇；怎麼可以不念書，當然要趕快把書看完。

以這樣的標準計算，追完十集的劇，就代表看完三千頁了，以一齣劇四五十集來說，尤其配合上追劇那股衝勁，一萬多頁的額度也很快就可以看完了。

而且，越好看越想看的劇看得越快，也代表書讀得更快，追劇想看下一集的期待，已經完全轉化成看書的動力了！

改版的此刻，我已經把《繁花》追完了，超好看，但是考生記得，先完成一定進度， 再去看一集寶總和任小姐啊！

蔡律師驚語錄

將追劇的精神放在讀書上，對於沒有動力念書的人是很有用的。趕快為自己制定讀書進度，每完成一個進度，就以看下一集作為獎勵，相信在這樣迫切的期待心理之下，念書一定更有衝動。但切記，一定要堅持進度，千萬不能寬以待己，才會有效哦！

念書大招 **8** ｜ # 「考古題」複習法

準備考試，可以挑到一本適合的考試用書，把重點整理得一清二楚，讀起來事半功倍，那會節省很多時間，是一件很幸運的事。

但是畢竟考試科目那麼多，不太可能每個科目都有這樣一本葵花寶典。編得好的書不少，同樣，編得很爛的書也有；編得爛的書就別買來看了，那是浪費時間而已，有的書編得還不錯，只是內容有些不足的話，可以在閱讀的過程中間，自己再做一些必要的整理。

→｜ 統計考古題出現次數

像我發現市場上很多考試用書，都會附上歷年的考古題，但是並沒有統計考古題出現的次數。參加考試，除了要注意考古題，考古題出現的次數更重要，怎麼說呢？

　　同樣都是考古題，但是這個題目只出過一次，跟這個題目出現過十次，代表的意義絕對不同。

　　假如這個考試舉辦過二十次了，這個題目只出現過一次，代表出題的機率只有百分之五，但是，當這個題目出現過十次了，代表出題的機率高達百分之五十，也就是平均每兩年就會考一次，甚至有的題目出現過十五次以上，那根本就是必考題了！

　　所以**準備考試，不光是知道考古題而已，還要知道考古題出現的次數，出現次數越高的考古題，再考出來的機率當然也越高。**

　　所以，我在讀考古題的時候，會用鉛筆把考古題出現的次數通通算出來，標示在考古題上方，寫著3就代表考過3次，寫

著5就代表考過5次，用鉛筆是因為偶爾會算錯，或者讀到後面發現次數又有增加，方便塗改。

　　一開始為了統計考古題出現次數，邊閱讀還要邊計算，當然會花比較多時間，但是整理出來以後，哪邊是重點要多花時間準備，通通一目瞭然，而且會發現幾乎年年考或者每兩年就考一次的題目還真不少，連自己都可以變成考前猜題高手了哦！

蔡律師驚語錄

　　參加考試，考古題是很重要的參考。除了要注意考古題，考古題出現的次數更重要！出現次數越高的考古題，再考的機率當然也越高，建議用鉛筆把考古題出現的次數通通算出來，不僅平常可以用來做重點複習，同時也可利用來做為考前的快速總複習。

「15分鐘速效」專心術

　　是不是有過這樣的經驗，在書桌前面坐了一兩個小時，結果書還停留在同一頁？明明哪裡都沒去，為什麼卻一點進度都沒有？

　　是啦，人的形體是坐在書桌前面，但心不知道跑去哪邊神遊了，就會出現這樣的現象。所以不是人坐在書桌前，就代表你有在念書，套句海濤法師說的：「這都是假的！」

　　我念國中準備模擬考時，有一次就像這樣，在書桌前坐很久，卻一點進度都沒有，我不是趴下來睡著了喔，我很清楚當時是醒著，只是無法專心，想東向西，想著剛剛吃飯看的卡通，或者想著心中的抱負，總之，我的心沒有放在書上頭。

　　該怎麼讓自己專心下來呢？我看著右手上的CASIO電子錶，突然靈機一動，那就來計時啊！

→ 手錶計時，訓練15分鐘專心念書

我把電子錶摘下來，調成計時模式，當我專心念書時就按開始計時，分心時就按暫停，休息時也按暫停，當重新專心念書時再按開始計時。

沒算過還真的不知道自己專心念書的時間有多少，這一計算才發現可不得了，天啊！坐了整整8個小時，真正專心念書的時間居然不到2個小時！沒錯，抓到了，問題就出在這裡了。

坐在書桌前，只有不到2個小時是真正在念書的，其他6個多小時都是做做樣子，都是假的啦！

既然問題找到了，就要**訓練讓自己專心**。我想到一個方法：**把電子錶調成倒數計時的模式，每15分鐘作一個段落，計時開始，訓練自己專心念15分鐘，聽到手錶的聲音響起才能休息。**

一開始為了鼓勵自己，我只要專心念15分鐘，就可以休息30分鐘。

	念書時間	休息時間
一開始	15分鐘	30分鐘
耐力增強後	15分鐘	15分鐘
專注力增加後	15分鐘	10分鐘
專注力＋耐力顛峰後	15分鐘	5分鐘

念書時間不變，休息時間遞減，表示讀書愈專心，愈有效率！

　　雖然15分鐘並不長，但是因為非常專心在念書，所以速度很快，這才發現原來15分鐘就可以讀完那麼多書，這樣休息30分鐘實在太浪費了，所以改成念15分鐘，休息15分鐘，再後來變成念15分鐘，休息10鐘，更後來是念15分鐘，休息5分鐘。

準備考試，光坐在書桌前面裝裝樣子是沒有用的，要專心念書才能把書讀到腦袋裡面去。試試看用電子錶計算一下自己專心念書的時間，我相信絕大多數人都會被自己不專心的時間之多嚇一跳，同時，用電子錶倒數計時，訓練自己在一定的時間內專心念書，這樣，可以大幅提升讀書的效率哦！

蔡律師驚語錄

　　坐在書桌的時間愈長，並不代表真的念書時間就愈長！有時，只要專心一致，即使念書時間不多，卻能發揮數倍的效果。從現在起，開始訓練自己集中精神，將讀書的注意力能夠全部集中，相信一定能讓僅有的時間，發揮最大的效益。

「地靈人傑」K書術

　　如果要你在菜市場念書，因為實在太吵了，不要說念15分鐘，應該連30秒你都念不下去，所以，找到適合自己念書的地點很重要。

　　第一個想到的地方就是家裡了，環境熟悉又很舒服，不會被別人干擾，又可以省下到別的地方念書交通上的時間。可是就是因為太舒服了，家電設備樣樣不缺，偶爾跑去看看電視、電腦，翻翻冰箱有什麼吃的，東摸摸西摸摸時間一下又過去了，這是在家裡念書可能的缺點。

　　所以在家裡念書，必須要能夠控制自己，不會浪費時間才可以。如果在家裡實在忍不住會東摸摸西摸摸，無法專心讀書的人，那就不要繼續勉強自己，換一個環境念書才會有效率。

去圖書館念書是一個不錯的選擇，但是在熱門的時段還要跟別人搶位置，實在有點痛苦，有時候坐旁邊或對面的人，聽音樂搖頭晃腦或不停轉筆，也會產生一些干擾。

　　所以囉，不管在家裡或是去圖書館念書，都有優點跟缺點，要兩權相害取其輕，看看在哪邊念書的效率高就挑哪裡。

　　像我自己準備律師高考的時候，因為正在念研究所，所以主要是在研究生宿舍準備考試，偶爾才去學校的圖書館念書。

　　自己一間宿舍，裡頭沒有電視，但是有電腦，而且可以連上BBS跟別人聊天。因為書桌旁邊就是電腦，所以常常書看著看著沒多久，變成用電腦跟別人聊天，時間一下就過去了。

　　後來放榜的結果我沒考上，檢討下來我很清楚知道，可以連上BBS的電腦是最大的戰犯，我的時間都浪費在這兒了。當然電腦何其無辜，還不是自己時間掌控做得不好，但說再多也沒用，先把最大戰犯消滅，這樣連想浪費時間的機會也沒有了。

所以隔年準備考試，我先把網路卡拔下來請宿舍隔壁的同學幫我保管，讀書效率果然大幅提升。到了考試前兩個月，為了讓自己更專心念書，我暫時搬離學校宿舍，跑到我們家在八堵山上的房子去「閉關」。

→ 找適合自己讀書的地方

說「閉關」那可不是在開玩笑的，我跟當時的女朋友也就是現在的太太說：「為了考試，我要閉關去了，我們等考完試再見面。」

八堵的房子是在長庚醫院對面山坡上的社區，說青山綠水是好聽，當年除了一片房子可說是荒郊野外，下山又有段距離，完全是一種遺世而獨立的感覺。

很巧的是，我家旁邊沒走幾步路就開了一家自助餐，早餐我吃樓下便利店的麵包，午餐跟晚餐我就吃那家自助餐店，整整二個月，我都沒有邁出社區大門一步。出關時，就是出發到考場考試，直到考完最後一個科目，當時的女朋友也就是現在的太太在考場門口等我。

如此守紀律的閉關，果然，我就考上律師了。那家自助餐店在我考上沒多久也關門了，還好我準備考試的時間有持續經營，要不然我就要餓肚子了！

　　後來準備不動產經紀人考試，我已經是執業律師了，女朋友也娶回家變太太了，總不能還來「閉關」那一套。當時正好看到台北市立圖書館慶祝六十週年，所以六十個分館還有閱覽室推出各具特色的紀念章，還有集章護照，於是我想到一個有趣的讀書方式：每個禮拜挑不同的圖書館念書，也順便蓋紀念章。這樣一來，我可以在圖書館準備考試，太太可以讀其他有趣的書，互相伴讀。現在已經忘了蓋完的紀念品是什麼，甚至也忘了當時集章護照蓋滿了沒有，但是那年我考上了不動產經紀人，而且是全國第二名。

　　我想，很少有人幾乎跑遍台北市所有的圖書館跟閱覽室，而我正好有這樣的經驗，可以跟大家推薦其中我認為還不錯的二間圖書館。

　　第一間是在石牌的圖書館（註1），可以到最高的樓層，那裡有沙發，坐在沙發看書很悠閒又舒服，而且窗明几淨，還可以看到陽明山的夕陽，超美的。

第二間是大安森林公園對面的總館（註2），有特色的不是待在閱覽室，而是安全梯。走到連通每個樓層的樓梯間，正好面對大安森林公園，靠窗邊有椅子和架高的桌子可以念書，坐起來像吧台的感覺，看下去正好是一大片大安森林公園的綠蔭，跟平常由下往上看不一樣，從這邊是由上往下看，剎那間有住帝寶的感覺耶！

所以，哪裡是適合的讀書環境，每個人的選擇不同，像我準備的地方就有家裡、宿舍、圖書館，也有過兩個月的閉關經驗。記得要好好檢視自己的讀書環境，把浪費時間的因素一一消滅，總之，在這個環境裡要讓自己能夠有效率的念書，那就對了！

我當時在圖書館念書的照片

註1：石牌圖書館地址：台北市北投區明德路208巷5號
開放時間：週二～週六　08:30～21:00
週日、週一　09:00～17:00

註2：臺北市立圖書館總館：台北市建國南路二段125號
開放時間：週二～週六　08:30～21:00
週日、週一　09:00～17:00

蔡律師驚語錄

　　準備考試是長期抗戰，通常要花很多的時間，所以，選擇念書的地點很重要！無論選擇哪裡，只要能夠環境安靜，能讓自己靜下心、心無旁騖的專心念書，不論是要在家裡、圖書館或是K書中心，就是最好的選擇。

第四章 「考試10祕訣」，征服考場！

　　上了考場，最怕遇到失常，按照考前物品準備清單把東西通通準備好，心情自然不會慌亂。最重要的是盡量爭取分數，所以，不光會的要拿到分數，連不會的分數也要拿到。什麼，不會的也能拿到分數？當然啊，連猜答案都有技巧，本來不會寫，運用「裝懂」可以多拿一些分數。還有，切記：人在考場一切向前看，對答案那是回家的事啊！

替自己模擬考——
熟悉考試、練字找筆，一兼二顧

　　書讀了不少，自己以為記住了，其實不一定寫得出來，所以考試之前，一定要先替自己模擬考。畢竟考試重點不是讀了多少書，而是能夠寫出多少答案，答案要寫出來才有分數，若書讀了很多，答案卻寫不出來，那一點用處也沒有。

　　考試可是視同作戰，連軍人上戰場之前都要先軍事演習了，如果沒有經過練習就想要直接上戰場，真槍實彈去殺敵人，不小心一下就變成炮灰了！

　　不說別的，當過兵的都知道，手上那把槍要經過射擊訓練，再根據結果調整準星，而考生上考場寫考卷的那枝筆就跟軍人的槍一樣，難道不用先拿出來練練字嗎？

　　所以，千萬別只在考前讀了一堆書，而第一次寫答案的場合居然是在考場，那是非常危險的。

　　考試時間分秒必爭，除了答案要正確，答題速度也是很重要的，這要多練習才會進步。經過長時間的準備考試，也許已經習慣了那種像是度日如年緩慢的步調，突然到了考場，才驚覺一個多小時怎麼過得那麼快，一下子就過了，因此，才會發生有人在考場裡因為選擇題花了太多時間，來不及把申論題寫完整；或者全部答題花了太多時間，以至於沒時間檢查答案，等考完了才發現，這邊疏忽了畫錯答案，那邊又漏寫了什麼，都是因為答題速度太慢的關係。

　　所以平常模擬考的時候，一定要用「倒數計時」，練習在預定的時間內把題目寫完。

戈？弋？……

　　為什麼要用倒數計時的方法呢？因為若是很久沒有寫字，你會發現用倒數計時的方式，要自己在預定的時間內把題目寫完，真的不容易！你一定不敢相信，怎麼自己寫字會那麼慢又那麼醜？

　　這是因為現代人每天習慣滑手機、用電腦打字，都快忘了握筆的感覺了。字的美醜先不說，有時候明明寫了一個筆畫簡單的字，其實是對的，但是寫完怎麼看怎麼不對，總是覺得哪裡怪怪的，甚至還要拿起手機打字確認一下筆畫，才發現本來就是對的，這都是因為不常寫字，對文字已經陌生了。

　　要熟悉考試快速書寫的方式，不稍加練習的話，寫出來的字真的就會像鬼畫符一樣。用那麼亂又那麼醜的字來寫試卷，

讓改題老師看到實在不太好；亂，會讓別人看不懂答案，至於醜，看了心情不好也會拉低分數。不過幸好這是模擬考的時候已經發現的問題，只要多多練習就會進步。

→ 加強視覺記憶，拿分大有幫助

寫考卷的文字未必要寫得很美，但至少要很工整，所以考前模擬考的目的，除了測驗自己是否熟悉，能不能寫出完整答案之外，也是「練字」。

字的大小也很重要！字太小容易看不懂，所以要盡可能練習把字寫大一點，這樣也容易把答案紙寫滿，尤其碰到不會寫的題目要湊字數的話，這是另一個好處。

還有，答題最忌諱把答案落落長寫在一塊。寫申論題的答案一定要分段落，這樣改卷老師看起來才會一目了然，清楚知道你寫的重點在哪裡，比較好給分。所以寫答案的時候，要記得常常「換行寫」，這樣答案看起來就會是一段一段的，要不然如果字又小，又通通把答案寫成一坨的話，會把改卷老師給累死；累死老師對考生絕對是沒好處的。

　　事先替自己模擬考還有另一個好處，就是可以利用模擬考為自己挑一枝寫起來順手的筆。畢竟考試分秒必爭，順手的筆寫起來快又節省時間，工具對了才不會讓寫考卷的過程心情變差。所以記得參加考試，一定要用平常已經寫過順手的筆，而不是用剛買全新的筆去考場第一次使用，萬一在考場裡寫起來才發現不順手，那就GG了。

　　考前的模擬考題，當然是挑準備考試時統計考過次數最多的那些題目；答題最簡單的方式，直接用白紙來寫就可以。不過，現在還有一個更好的方法。

　　市面或網路上有賣國家考試申論題空白模擬試卷，買這個回來寫，就好像真的在參加考試一樣，寫答案紙的感覺絲毫不差，這樣就可以幫助自己完全模擬進入考場的真實狀況，藉以熟悉在考場裡應考的感覺。

　　而且，每個題目在自己模擬考回答之後，經過對答案改題，不但可以知道自己讀書的疏漏，有哪裡忘記了、哪裡沒念熟，同時**用眼睛看著答案呈現的形式不再是書本，而是完整的寫在標準的模擬試卷上，這樣透過眼睛看到的圖像，把答案再一次印在自己的腦海裡，這是「視覺記憶」**。運用這樣的方式，不但可以增強記憶，進考場時如果考到相同的題目，腦袋的記憶根本就像是把答案複製列印出來一樣熟悉，對於答題的完整度幫助很大喔！

蔡律師驚語錄

　　第一次寫答案的場合是在考場，那是非常危險的！所以考試之前，一定要先替自己模擬考，除了測驗自己是否熟悉，能不能寫出完整答案以及掌握考試時間之外，也是「練字」。文字未必要寫得很美，但至少要很工整；千萬不要用剛買全新的筆去應試，一定要用平常已經寫過順手的筆，才不容易發生「不順手」的悲劇。

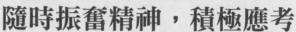

考前拜拜加喝雞精——
隨時振奮精神，積極應考

　　考試要到了，難免會緊張，所以一定要找到讓自己心裡安定的方法。

　　若是信佛的，去拜拜是個不錯的方法；但要不要抽籤，端看自己的心臟夠不夠大顆。

　　我記得有一年律師高考，考試前幾天心情非常亂，於是到八堵交流道附近的土地公廟去拜拜，看見神桌上的籤筒，想說來問問神明好了。跟土地公稟明了要去參加律師高考，請神明指示，結果三個聖杯抽中了一支籤，去拿籤詩看到上頭有「龍困淺灘」四個字就覺得不太妙，下面功名欄的旨意，果然是謝謝再聯絡的意思。

　　帶著徬徨的心情離開了土地公廟，一直想著「龍困淺灘」四個字，實在是念不下書，於是又騎著車跑去八斗子拜伍顯大

帝，當然也要抽籤。非常神奇，不同的籤文，可是大概也是龍困淺灘的意思。

　　這下子心裡更焦慮了，當下想著，哪裡還有廟可以拜？於是我來到了基隆市區的慶安宮拜媽祖，也抽了籤，這次不是龍困淺灘，而是說功名就不要多想了，接受現狀好好過日子其實也不錯。

　　三張籤詩說的都是考不上的方向。說真的，拜完三間廟已經沒有勇氣繼續拜下去了。我把三張籤詩夾在某一本書裡，回頭繼續準備考試，畢竟一年才有一次考試的機會，準備這麼久了，無論如何也要加緊衝刺，好好的拚一拚。

果然，神明很靈驗，那年的律師高考我落榜了，幾年前曾經想再把那三張籤詩翻出來看看，可惜我忘記夾在哪一本書裡，翻遍了書架上所有的書，居然再也找不到那三張籤詩了。

　　隔年律師高考又來了，到底要不要再去拜拜跟抽籤？說真的，前一年這麼靈驗，3張籤詩說的結果都差不多，太準了，會讓人好想事先知道結果。於是，我一點考慮掙扎的時間都沒有，又來到慶安宮，這回3次聖杯居然抽到了籤王。

　　那是我人生中第一次抽到籤王，也是到目前為止唯一抽過的一次籤王。來到放籤詩的櫃子，居然沒有籤王的籤詩。問了廟方工作人員，他說慶安宮的籤王沒有籤詩。

　　我問：「那籤王是什麼旨意？」他說：「籤王是大好或大壞，做生意的會不錯，但如果問疾病的抽到籤王，那就慘了。」

　　我又問：「那如果是考試呢？」廟方人員建議我，再去跟神明說，「因為弟子比較愚鈍，可否再問更清楚一點？」

　　於是我又去問媽祖可否再具體指示？聖杯耶，於是我又擲了3次聖杯、抽了一支籤，這次就有籤詩了，而且工作人員還拿解籤詩的對照本讓我看。功名欄位上清楚寫著我會考上，而且名次會很前面。

哇噻，這也太精確了，不但說會考上，連名次很前面也都知道。闔上籤詩對照本，根據前一年那麼靈驗的結果，我帶著無比的信心回家，念書的精神都來了，然後去參加考試。果然，那一年我以全國第24名的成績錄取律師，之前是差零點幾考不上，這次總分幾乎多出以前一科的平均分數。事後印證這一回籤詩說的會考上，很準；連名次很前面，也很準。

後來參加不動產經紀人考試那就更神奇了！考前想說為了儲備一下體力，於是跟家人一起參加鶯歌的爬山健行，目的地是鶯歌的碧龍宮。爬到終點，廟方就發給每人一枝文昌智慧筆，於是我就跑去參拜文昌帝君，讓智慧筆過香爐，祈求金榜題名，結果放榜了，我考了全國第二名。

考上了心境當然會不一樣，但仔細回想，依稀記得那一年3張說考不上的籤詩當時對我的打擊，雖然後來也遇到說會考上的籤詩鼓勵非常大，但總不能只看考上的籤詩，說考不上的就當沒看到吧！抽籤的結果對心裡的影響，其實是非常巨大的。

所以囉，考前去拜拜讓心情安定下來，讓自己可以好好念書，同時藉由拜拜的祈求，讓腦海裡充滿考上的目標，就是一種鼓舞，這對於考上絕對是有幫助的。就像每年考季之前，多少考生去參拜文昌帝君，還會把准考證影印投到廟方準備的透明箱子裡，這麼費工、這麼慎重代表的是什麼？那是考生心裡的企盼，期待能夠通過考試。心裡先有想要做到的積極態度，自然會拚，當然就會增加考上的機會。所以，**拜拜不只是心理作用，確實可以提升自己讀書的積極態度。**

至於要不要抽籤，我已經告訴你，我曾經遇過神明靈驗的神奇經驗，你要看看自己的心臟夠不夠大顆才行喔！

→| 你累了嗎？精力充沛，喝了再拚！

振作自己，提升讀書積極態度的方法，無非就是做一個行為，透過這個行為，讓自己感受到正面的能量，除了拜拜之外，我還有另一個方法。

電視上的廣告都說，喝雞精可以提振精神，雖然不知道科學上的實驗數據如何，但至少常常看廣告，心裡面相信是有用的，所以好歹也有心理作用。

準備考試的時候，日以繼夜，尤其是考前全力衝刺！上考場更是一個科目連著一個科目考，要全神灌注專心答題，難免會覺得體力不濟，一定要擁有讓自己體力瞬間提升的方法。

於是，我每次參加考試的時候，就會買雞精來喝，而且喝的很兇，早、中、晚各一罐，像律師高考兩天半下來，我就喝掉8瓶了。

「喝雞精」是不是真的讓我體力變好我不知道，但的確透過喝雞精的動作，腦海裡想起電視的廣告，尤其還想起小時候卡通影片大力水手吃菠菜的畫面（不小心透露年齡了），光這個心理作用就讓我瞬間覺得精神來了。雖然每一次考完試，最後一堂結束敲鐘的時候，感覺幾乎都快要虛脫了，但在考試的過程中，我總是藉由喝雞精提振精神，讓自己堅持奮戰到最後一秒。現在提神的商品越來越多，不只雞精，也有蜆精，不敢喝的，也有X牛。

當然不是要大家都跟我一樣，去拜拜還有喝雞精，而是每個人都要找到振奮自己的方法，就像有人為了帶來好運會穿紅內褲，當然也可以。

就是給自己一個儀式感，透過可以振奮自己精神的那個動作，就能隨時用最積極的態度讓自己來面對考試。比較起來，精神散漫面對考試，跟精神奕奕面對考試，其實都是同一個你，但考試結果可能會大不相同哦！

蔡律師驚語錄

考前難免緊張，一定要找到讓自己心裡安定的方法。有信佛的，可以去拜拜，藉此讓心情安定，可以好好念書，同時藉由拜拜的祈求，讓腦海裡充滿考上的目標，也是一種鼓舞。另外，也可以試著喝雞精，時時提振自己的精神。這些對於考上絕對是有幫助的。

無論你的方法是什麼，一定要找到振奮自己的方法，才能讓自己時時用最積極的態度來面對考試。

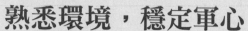 3 事先看考場──
熟悉環境，穩定軍心

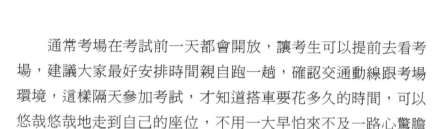

　　通常考場在考試前一天都會開放，讓考生可以提前去看考場，建議大家最好安排時間親自跑一趟，確認交通動線跟考場環境，這樣隔天參加考試，才知道搭車要花多久的時間，可以悠哉悠哉地走到自己的座位，不用一大早怕來不及一路心驚膽跳，匆忙趕到考場還要跟別人擠在一塊看公告、位置圖，急急忙忙地找教室。

　　先熟悉知道考場跟教室在哪裡，比較好安排時間，心裡也比較踏實，才不會臨時出狀況。

　　除了交通跟位置，如果考場開放可以進入教室的話那更好，可以到座位上先坐一坐，檢查一下桌椅狀況。桌面不平整要準備透明墊板；桌腳不平的話，可以用白紙摺一摺或者拿硬幣墊在桌腳，平穩的桌子考試時用起來才舒服。

如果考前不能進教室的話，這些只能等考試當天再處理了，但一定要事先準備好透明墊板跟硬幣，以備不時之需。

→ 確認方位，確保一點時間都不浪費

除了考場的座位，也要順便看看廁所在哪裡，每一堂考完知道要去哪裡上廁所最省時間。

通常男生上廁所比較快，女生上廁所常常要排隊，而且排很久。所以男生一考完試可以先去上個廁所，再回座位看書。至於女生的話，可以先在座位上先看一會書，等上廁所的人消化完了再去，這樣就不會跟別人擠在一起排隊；如果一考完試想去上廁所也可以，但記得順手帶下一堂考試的書本在手上，排隊的時候還可以翻閱一下，這樣就不會浪費時間了。

看完考場回到家，隔天就要參加考試了，所以睡個好覺養好精神很重要。只要照平常調整好的作息時間上床睡覺就好，不要刻意提早睡覺，萬一太早睡，睡不著，反而失眠的話那就糟了！

建議可以利用最後一夜，把書本快速翻閱過去，多看看

書除了幫助記憶，其實也可以助眠。時間到了就把文具、准考證、書本通通整理到明天出門要帶的「一個大包包」裡，然後上床睡覺。

為什麼所有考試相關的東西要通通裝進一個大包包，而不能是兩個包包或是更多的包包呢？因為這樣隔天去考場才不會漏掉任何東西。

有一年在考場，有一位同學匆匆跑來跟我借2B鉛筆，因為他說前一晚明明把文具通通收好都放在鉛筆盒，結果帶了裝其他東西的包包，就是鉛筆盒忘了帶，剛剛已經跟別人借到原子筆了，要再借一支2B鉛筆。突然發現東西收好沒帶一定會影響考試心情，這是很糟糕的事。但只要通通塞進一個包包裡，一

早起來拎了就走，確保不會遺漏任何東西，考試才放心。

　　我記得每次大考時，總會出現這樣的新聞畫面：因為考生跑錯考場或是忘記帶准考證，於是呼叫警察杯杯騎著重機，載著粗心的考生用最快的速度飛奔到考場……看到連我都好緊張。這樣不但會讓警察杯杯很辛苦，考生的應考心情也會受到很大的波動跟影響，所以確保考前的準備工作都作足了真的很重要，千萬別讓自己成為新聞的主角啊！

蔡律師驚語錄

　　最好提前一天親自看考場，確認交通動線跟考場環境，才不用一早急急忙忙地怕來不及而膽戰心驚，影響考試心情。亦可利用最後一夜，把書本快速翻閱過去，多看看書幫助記憶也助眠；最後把文具、准考證、書本等相關必要的考試物品，通通整理到「一個大包包」裡，然後上床睡覺，隔天拎著就出門。這樣去考場才能確保不漏掉任何東西。

書本帶到考場，請親友送便當——

從容應考不心慌

　　我習慣把自己準備考試時所用的書，通通帶到考場去，這樣如果想到什麼可以看，或突然忘記什麼都可以馬上翻閱，心才不會慌。

　　還有，準備考試那麼久了，自己用的書上面已經做好了分類跟重點標示，可以利用每堂考試之間的休息時間拿起來快速翻閱。沒錯！翻閱的原則就是要「快」。快速的瞄過去，反正記不得的大概也記不得了，但是記得的東西利用最接近考試的時間再瞄一下，這樣快速喚醒記憶的效果是最好的。

　　通常一早進考場的時候，會有業者在外面發猜題的紙本，我拿了頂多就是看一眼，若要快速複習，主要還是看我自己平常閱讀的書，這樣比較有系統，而且內容都是我已經看了很多遍很熟的東西，腦袋記得的內容也才不會整個亂掉。

有句話說，「吃飯皇帝大」，美食不只吃飽還可以療癒人心，所以在考試的時候，「吃」也是很重要的。尤其，參加考試的時候，通常壓力比較大，搞不好還會食不知味，甚至是食不下嚥，所以找自己愛吃的食物來吸引味蕾，順便好好犒賞自己一下也是挺好的。

　　但在考試當天，每一分秒的時間都相當寶貴，所以除了一定要用最短的時間解決吃的問題之外，如何能夠不隨便，又吃得好，就真的很重要，因為午餐吃什麼，可能對下午的考試會有連帶的影響。

　　大部份的考生大都是利用中午休息的時間，跑到考場外面去找吃的，這樣一來一回真會花很多時間，而且當天考生特別多，通通跑出來吃飯，搞不好附近賣吃的都已經擠滿了人，排隊又要等很久。

　　有些人為了圖個方便快速，就帶了麵包或泡麵中午充飢，但要知道，**考試可是很耗費體力的**，可以不用吃太飽，但一定**要吃得夠營養，一定要讓腦袋有充分的營養，才能持續保持好體力，讓下午有好的表現。**

所以，可以的話，盡量請親友中午幫忙送個便當，菜色當然要挑自己喜歡吃的，或者訂考場的便當直接在座位上吃最省時間、最方便，也最營養。

→| 好吃便當酸辣湯，開胃暖心腦力強

到現在我都還記得，我在考場吃過最特別的餐點，是參加高中聯考時，在建國中學的考場吃的便當配酸辣湯。

那時我念金山國中，國三的導師是馮志民老師。那年馮老師才剛剛退伍，很年輕又很拚，開學第一天就讓我對他印象非常深刻。因為他告訴我們班上的同學，一年後就要聯考了，所以連星期假日都要到學校念書，還要點名。

當然，那是因為升學班才要這樣。雖然教育部說要常態分班，但事實上我讀的國中還是分了普通班跟升學班。

在金山如果要考高中的話，有省聯跟北聯可以選：省聯考的就是基隆中學跟基隆女中；北聯的話就是建中、北一女、師大附中那些台北的高中。

因為學校重視升學率，所以一定要成績還不錯的才可以參加北聯，那年我們班有四五十個同學，只有16位可以參加北聯，其中12位是男生，4位女生。

因為考場在台北，早上從金山搭車的話會來不及，所以馮老師拜託住台北的女老師幫忙帶那4位女同學先住台北，我們12位男生前一天帶著各自的行李，由馮老師帶著，先去建中看考場，然後再到馮老師位於新店的家，一群男同學們就在客廳打地鋪。

隔天一大早，我們一群人搭公車到建國中學考場參加考試。中午的時候馮老師要我們等一下，說有準備便當給我們吃。我們一群同學在教室外面的走廊上等，一台計程車停了下來，然後就看到馮老師的媽媽從計程車上把便當搬下車，接著又從車上費力的抬下一個鍋子。原來，中午的便當是馮老師的媽媽親手準備的，還有一大鍋非常開胃的酸辣湯，一喝下肚，心整個都暖了起來，不只美味，還有暖暖的人情味。

那一年，我們16位上台北考北聯的同學，總共考上了12個，在偏遠的鄉村可以有高達七成五的錄取率，實屬不易！真的要好好感謝馮老師媽媽準備的好吃便當，還有暖心的酸辣湯。

　　考場上吃的東西也是有些忌諱的，像喝貢丸湯會「摃龜」，當然不行；吃肉粽會「高中」，所以可以吃。考場的忌諱還是寧可信其有，不要太鐵齒，真的愛喝貢丸湯的話，好歹也等考完再喝；可是肉粽比較不好消化，也象徵吃一個就好，不要吃過量。

　　還有考試的時候，生冷的盡量不要吃，像我平常愛吃生魚片，但是考試的時候我會忌口，畢竟生冷的東西風險比較高，萬一吃壞了肚子，參加考試還要一直跑廁所，可是浪費時間又不方便，還可能影響考試成績，不得不小心呀！

蔡律師驚語錄

　　把自己準備考試時所用的書，通通帶到考場去，想要看什麼，或是突然忘記什麼，隨時都可以翻閱復習。

　　另外，準備考試那麼久了，自己用的書上面已經做好了分類跟重點標示，可以利用每堂考試之間的休息時間拿起來快速翻閱；翻閱的原則就是要「快」。快速的瞄過去，記得的東西利用最接近考試的時間再瞄一下，這樣快速喚醒記憶的效果才是最好的。

進考場腦袋空白不用怕——

從考卷裡找線索

　　讀了那麼多的書，在考試之前你究竟記得多少？有沒有考試之前，腦筋一片空白的經驗？

　　其實，考前腦筋一片空白這是很正常的，只是一般在學校考試還不會感覺到，但是參加國家考試時就特別有感覺了。

　　因為，在每個科目考試前10分鐘是預備時間，預備鈴聲一響，要把除了文具以外的東西通通放到考場前後，然後到自己的座位坐下，監考人員會說明完規則並發下答案卷，之後，就要一直等待考試鈴聲響起。

　　在那段什麼也不能做的時間裡，常常感覺到腦筋一片空白，就算是這個科目讀到很熟也是一樣，好像「滿天全金條，要抓沒半條」。奇怪，明明讀了一大堆，那些內容都跑到哪裡去了？

有啦，讀過的東西都在腦袋裡，但是要有線索，才會一條一條跑出來啦。

當考試鈴聲一響起，監試人員開始發考卷，考卷由前面的考生傳到自己手上，看到題目的時候，讀過的東西自然會一個一個自動跑出來。

沒錯，**題目就是線索，會把我們讀了很久存在腦袋的答案一個一個勾出來。**

默寫一整本書是最困難的，所以考前腦袋一片空白是正常的，因為本來準備考試的時候就不是把整本書背下來。如果先有上一句，然後再接下一句像接龍一樣，那就簡單多了。平常準備考試的時候，都像是這樣，題目就是上一句，答案就是下一句。所以囉，看到考卷上面的題目，答案自然就會像接龍一樣，自動從記憶中跑出來了。

這也是為什麼準備考試念書時要廣而淺，不能窄而深。廣而淺就能讀得更快，有時間多讀幾遍，只要看到題目知道答案就行了，不用非得讀到把整本書背下來的地步。

所以，在等待考試鈴聲響起的那幾分鐘裡，既然腦筋一片空白，什麼事也不能做，那就好好放空吧！享受一下什麼都不用做的時間。

當然，如果是進考場特別容易緊張的人，像是會心跳加快、手心出汗等等的話，也不要擔心， 剛好可以利用這段時間，讓自己慢慢靜下心來。就像金城武拍的廣告說的一樣，「世界越快，心則慢」，所以，閉上眼睛，好好的感受一下此刻的悠然。很少有比考場還要安靜的地方，然後慢慢地深呼吸，把注意力放在呼吸的焦點上，告訴自己，等一下的每一分鐘都很重要，把注意力完全地放在 「好好答題」這件事上。

總之，考試一定要維持最佳的精神狀態，不用害怕考卷，而是要抱著萬分期待的態度想要看到考卷，因為上面可是寫著滿滿的線索，可以把你腦海中的答案給勾出來呢！

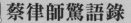

蔡律師驚語錄

考前腦袋一片空白是正常的，因為本來準備考試的時候就不是把整本書背下來，而是看到考卷上面的題目，答案自然就會像接龍一樣，自動從記憶中跑出來了。這也是為什麼準備考試念書時要廣而淺，不能窄而深；廣而淺就能讀得更快，有時間多讀幾遍，只要看到題目知道答案就行了，不用非得讀到把整本書背下來的地步。

考試祕訣 **6** | **不會寫的申論題別緊張——** 用「關鍵字」＋「法感」湊字 數，拿分數

　　律師考試落榜的那一年，有一位考上的同學到我宿舍來跟 我聊了很久，他覺得看我平常也很認真在準備考試，沒有考上 實在很可惜，所以來跟我分享他參加考試的祕訣。

　　我一直到現在印象還很深刻，他問我一個問題：「考試的 時候，你怎麼寫答案？」

　　這邊要先說明一下，當年的律師高考每個科目都是四個申 論題。我一拿到考卷，會先把題目通通看過一遍，馬上知道裡 面哪一些是會寫的，哪一些是不會寫的。再來當然是提筆先把 會寫的內容通通寫上去，等會寫的題目答案通通寫整理了，不 會寫的當然也不能放棄，多多少少寫一點，看看有沒有基本分 數。

「多多少少寫一點？那寫出來的答案字數跟很會寫的那些會差很多嗎？」同學這樣問我。

　　「當然差很多啊！會寫的起碼寫個二三十行，不會寫的因為只是硬掰湊個字數，有的才寫了四五行而已耶。」我這樣回答。

　　「那如果你是改卷老師，看到旁邊會寫的那題寫了二三十行，這題才寫了四五行，字數這麼少，會不會從外觀上看起來就已經知道這題其實你不會寫？」

　　聽同學這樣說，我當場有醍醐灌頂的感覺。對耶！怎麼之前只懂得念書，改卷老師才是給分數的那個key man，決定考卷最後可以得到多少分數。自己居然從來沒有想過用改卷老師改考卷的角度來看待考試。

　　同學接著說：「任何考試都一樣，尤其是國家考試，一個老師要改非常非常多的考卷，改卷的速度要非常快，一眼看到字數這麼少，就已經看出這題考生不會寫，給出的分數自然會偏低。當然不是說明明不會寫的題目只要湊滿字數，也可以拿到跟會寫的一樣高分，但是至少不要讓改卷老師瞄一眼就看出『你不會』這樣的情況發生。」

　　所以進考場拿到考卷，可以先寫會寫的題目，寫完以後，剩下的時間就是把不會寫的題目，無論如何也要湊出差不多一樣的字數來，好歹改卷老師要認真看進去答案，才能分得出來這題你究竟會不會寫。像我這位同學更絕，他說他一開始就會先把答案卷分成四等分，然後從會寫的先寫，之後寫不會寫的，最後完成試卷，不管是會寫的還是不會寫的，通通寫滿四分之一，光從字數外觀上來看，根本分不出哪一題會寫，哪一題不會寫。

一般人的考卷：

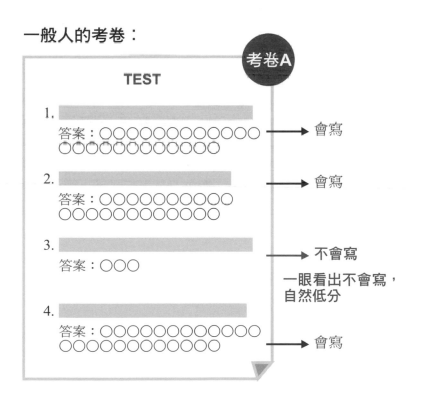

可以拿多一點分數的考卷：

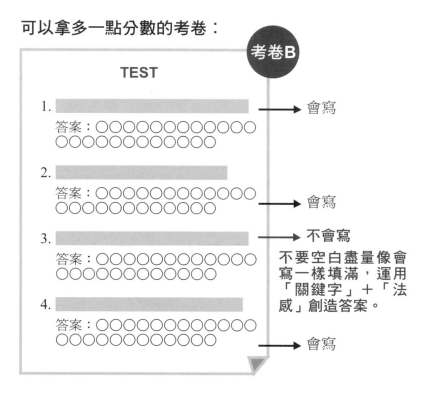

「就是把不會寫的題目，答案字數寫到像會寫一樣，懂嗎？」
「這樣就算是不會寫的，答案看起來也像會寫一樣，懂嗎？」

哇！一直頻頻點頭的我真的懂了。

「這樣，改題老師一定要把答案認真看進去了。就算發現你其實不太會，給個印象分數可能也會比別人多個零點幾分，考上考不上不就差那個零點幾分嗎？」

聽同學這樣說當場讓我茅塞頓開，如獲至寶。原來會讀書的只是徒弟，會考試的才是師傅啊！

後來我改用這個方式面對考試的申論題，就好像任督二脈通通被打開一樣，從之後放榜的結果來看，說是一路過關斬將，其實也不算誇張。

現在申論題大多改成電腦掃描線上閱卷，由考生自行在書寫題號區上標示題號，並在題號選項方格內畫記題號，然後在作答區作答，記得同樣**把握每題回答字數要平均，以及先寫會的，再寫不會的兩個原則就對了**。畢竟申論題答案字數太少，依舊會讓改題老師輕易看出這題不會寫喔！

→| 多寫一點，分數就可能比別人高一點點

想要湊字數爭取多一些分數，當然不能亂寫，因為改題老師會認真看，被改題老師看到考生亂寫一通，搞不好還會火大森77。亂寫的結果應該只是浪費時間而已，正確的方式應該是：寫跟這個科目相關的。例如，不知道正確答案，最起碼題目裡有些看得懂的名詞，可以先寫名詞解釋，搞不好剛好寫到可以得分的點，就可以多一些分數。

另外，準備考試時每個科目牢記的關鍵字，這時候就可以派上用場了。通常申論題的答案都很長，要把落落長的內容通通背起來，對考生而言是非常頭疼的，所以準備考試時就要懂得精簡，把落落長的內容簡化成重要的「關鍵字」，然後記下來。這方法，我在第三章「念書10大招」裡有特別分享。

　　本來申論題想要拿高分，重點就是要把正確的關鍵字寫出來，例如以民法第758條來說，「條文規定是不動產物權，依法律行為而取得、設定、喪失及變更，應以書面為之，且非經登記，不生效力」。你要記得「不動產物權」、「書面」、「登記」這些關鍵字，懂不懂是另外一回事，答案裡頭一定要出現這些關鍵字。

原文：

不動產物權，依法律行為而取得、設定、喪失及變更，應以書面為之，且非經登記，不生效力

　↓（申論題拿高分，一定要寫到的重點關鍵字）

不動產物權，依法律行為而取得、設定、喪失及變更，應以**書面**為之，且非經**登記**，不生效力

申論題改題都是看有沒有寫到幾個重點就給多少分數，所以一定要把考前記得的「關鍵字」排列組合寫到答案裡。因此，不會寫的申論題想要湊字數，重點當然也是「關鍵字」。

我相信準備考試的人，考前應該看過不少資料，記了很多的「關鍵字」，遇到不會寫的題目也別浪費記得的關鍵字。像同樣以物權來說，最重要的關鍵字有「公示公信」、「善意第三人」、「所有權」、「無權占有」、「時效取得」、「物上請求權」、「相鄰關係」等等，如果看到物權不會寫的題目要湊字數的話，就把這個科目記得的重要關鍵字寫上去，排列組合當中一定要有關鍵字出現在答案裡。

另一個絕招，就是從選擇題裡找關鍵字；頻繁出現的就是關鍵字。畢竟是同一個科目，題型不同，重點、關鍵其實都一樣。

也許寫出來的關鍵字跟正確答案一丈差八尺，未必能拿到分數，不過這個湊字數的方法本來就是死馬當活馬醫，拚看看能不能多一點分數而已。比較來說：第一個，有寫答案總比考卷空白好；第二個，寫完全無關的東西，倒不如寫這個科目重要的關鍵字，這樣瞎貓碰上死耗子的機率應該比較大。

另外還有一個方法，就是要懂得「創造」。其實法律讀得多了自然就會通了，有時候憑法感也能湊出不錯的答案。所謂「法感」，就像歌唱多了會有「音感」，手做東西久了會有「手感」，法律讀久了，自然也會有「法感」，或者形容為對法律的第六感。雖然沒念到這段法律，或者根本不知道答案是什麼，但憑直覺就可以把答案推論出來，有時候也能拿到不錯的分數。

啥，沒念過也能「創造」答案？當然可以。

畢竟法律不是自然科學，不像數學1＋1一定等於2，或者太陽一定是從東邊出來，法律很多問題都有不同的見解，看多了就知道不外乎分成肯定說、否定說、折衷說。肯定說、否定說、折衷說等於就是答案的三個大綱跟結論，下面各有理由，既然三個固定大綱都有了，理由自然可以根據結論自己推論寫出來。所以肯定說、否定說、折衷說，說穿了就是自己「創造」自己說，懂嗎？

一旦遇到不會的申論題，運用「關鍵字」＋「法感」創造，就是湊字數最好的方向跟方法。

蔡律師驚語錄

申論題想要拿高分，重點就是要把正確的關鍵字寫出來；遇到不會寫的申論題想要湊字數，重點當然也是關鍵字。也許寫出來的關鍵字跟正確答案一丈差八尺，未必能拿到分數，不過，有寫答案總比考卷空白好；而且，寫完全無關的東西，倒不如寫這個科目重要的關鍵字，這樣瞎貓碰上死耗子的機率應該比較大。

選擇題拿分訣竅——
運用「排除法」提高命中率

遇到選擇題不會的，該怎麼辦呢？

❶ 首先，不會的題目先跳過去，找後面有把握的題目先作答，考卷試題是隨機的，並不是前面簡單後面比較難，如果因為前面不會的題目浪費時間，反而錯過後面簡單的題目那就可惜了。

❷ 千萬不要在一個題目上耗太多時間，只要是那種會讓自己「頓」一下的，通通都先跳過去，回頭再來作答。

❸ 先把會的選擇題答好答滿，之後處理會「頓」一下的題目，然後再把不會的題目通通統一集中處理。

　　碰到不會作答的題目，首先不用慌，其實只要運用技巧就可以清楚看出哪個可能是正確答案，這個要從命題老師的角度來看，自然就會完全明白了。

　　出選擇題，畢竟裡面要有三個不是答案的選項，可能會找一些風馬牛完全不相干的來湊數，也有可能命題老師要測驗考生的程度，有沒有注意到觀念的細節，所以會創造出跟正確答案接近的選項。因此，選項裡面兩個毫不相干的肯定不是答案，至於兩個很接近的，通常其中一個會是正確答案。

　　從實際的考題來看，公寓大廈之全部或一部分，具有使用上之獨立性，且為區分所有之標的者，是指：A公寓大廈、B專有部分、C區分所有、D應有部分，明顯看得出來，B專有部分跟D應有部分很接近，所以A跟C就是命題老師用來湊數的。

　　尤其那個選項A，如果是正確答案，那會變成「『公寓大廈』之全部或一部分，具有使用上之獨立性，且為區分所有之標的者，是指『公寓大廈』」，啊頭尾都是公寓大廈，這到底是考試還是在繞口令啊！

　　連題目裡出現過的名詞都變成一個答案了，就知道命題老師為了要湊足四個選項有多辛苦了。

所以，通常像這種題目裡面已經有的名詞，又出現在答案裡的，不會是正確答案，可以排除。

答案應該是在B『專有部分』還有D『應有部分』兩個近似的選項當中選一個，結果正確答案是B『專有部分』，至於D『應有部分』是命題老師要測驗考生有沒有把正確答案混淆，故意設計一個近似的選項。

利用這個方法，把不是的選項排除，從近似的答案裡頭挑一個。以上面這一題來說，4猜1本來只有四分之一的機會答對，去掉A跟C兩個答案變成二選一，就有二分之一的機會可以猜對了。

(A) 公寓大廈

(B) 專有部分

(C) 區分所有

(D) 應有部分

(B) (D) 接近，所以(A) (C) 完全是不相關的答案湊數用，直接刪除。從四分之一的正確率提高為二分之一。

至於B跟D要如何選？猜題絕不是丟錢幣決定，或是隨自己高興隨便亂猜一通，而是有絕妙的好方法。

→ **猜答案有方法，用矇的也能矇到不少分**

先不管可以排除兩個答案的狀況，假設答案當中完全看不出來接近的選項，所以A、B、C、D四個選項可能都是答案，隨便選一個，代表有百分之25的機會可以猜中答案，但也就是說，猜錯的機會高達百分之75，是猜對的三倍。

假設有4題不會，分別猜A、B、C、D，這樣等於每個題目都是用百分之25的機會去賭，結果答案如果是D、C、B、A的話，等於4個答案通通猜錯。

會產生這樣的結果是非常有可能的，畢竟每個題目分開猜，猜錯的機會又是猜對的三倍，當然很容易猜錯。

因為每個題目有百分之25的機會可以猜中，如果把4個題目的那個百分之25的機會累計加在一起，4個25就會等於100了，這樣代表至少會猜中一題。所以猜題絕對不能分散，應該要集中火力，通通猜同一個選項（如右圖）。

以剛剛的例子來說，有4題不會，通通猜A、A、A、A，結果答案是D、C、B、A，至少第4題猜中了。

圖解「同一選項法」：

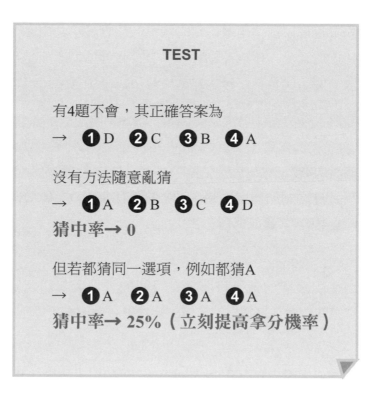

所以，猜同一個選項，起碼會提高勝率是第一個重點，至於同一選項究竟應該選A、B、C、D的哪一個，也是有技巧的。通常全部題目的正確答案出現次數，應該會平均分散在A、B、C、D四個選項裡，所以不會的題目要怎麼選答案呢？只要從會寫的那些選擇題答案裡，找出其中出現最少的那個選項，就是不會寫的選擇題該填的選項，這樣可以提高命中率。例如，會

寫的那些選擇題答案，大都分散在A、C、D，B是最少的，那麼不會寫的選擇題，就全部都選B（如圖）。

出現較少次數選項法：

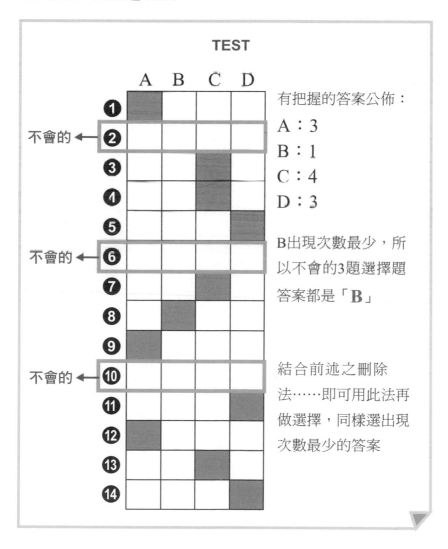

TEST

有把握的答案公佈：

A：3
B：1
C：4
D：3

B出現次數最少，所以不會的3題選擇題答案都是「**B**」

結合前述之刪除法……即可用此法再做選擇，同樣選出現次數最少的答案

所以有時候不要怪運氣不好，想說怎麼連猜題都輸人家，本來猜答案就不是完全憑運氣，而是有方法的。

　　當然，以上是選擇題A、B、C、D四個選項通通不知道選哪一個的做法。再回頭來說，如果可以確定絕對不是答案的選項，就要用排除法，例如，答案絕對不是A，但不知道B、C、D要選哪一個，或者像我們一開頭舉的例子，確定答案不是其中二個選項A、C，但不知道B跟D要選哪一個，這樣的話，只要把不是的答案排除，一題是B、C、D選一個，另一題是B、D選一個，那麼就剩下重複的答案B或D，選擇目前較少出現的選項就可以了。

　　運用「排除法」＋「同一個選項」＋「出現較少次數的選項」來猜題，提高選擇題的勝率。

　　考試主要分數當然還是要靠平常累積實力才能拿到，但多少運用點考試技巧，真的可以矇到一些甚至是本來不會的分數。畢竟考試是比分數高低，所以「一分都不能少啊」！

　　常常沒考上跟考上的差距，不是一座高山，而是只有一步之遙，差一點點而已；爬高山要靠平常的努力奠定功力，但是差了那一步全部又要重來一次了。所以不光只是念書，進了考場懂得運用一些考試技巧也很重要，就能跨過考上的那一步。

　　總之，不管是申論題還是選擇題，就算碰到不會的題目也要想辦法多要點分數，千萬不要放棄，才能增加考上的機會呦！

蔡律師驚語錄

　　碰到不會作答的題目，首先不用慌，其實只要運用猜答案的技巧，就可以清楚看出哪個可能是正確答案；而猜答案本來就不是完全憑運氣，而是有方法的。善用「排除法」＋「同一個選項」＋「出現較少次數的選項」來猜題，一定能提高選擇題的勝率，真的可以賺到一些甚至是本來不會的分數哦。

考試祕訣 **8** **做好時間配置——**
預留時間檢查考卷

　　人在精神緊繃之下，常常會因為緊張的關係，把明明是很簡單的事情搞錯了，尤其在考試的時候最容易發生這樣的事情。本來不會的也就算了，把會的寫錯沒拿到分數，那就嘔死人了。要形容的話，這個就叫「失常」了。

　　為了避免「失常」的狀況發生，像是忽然眼睛脫窗畫到別的答案，或者哪裡有錯字沒發現還是漏寫了，只要多檢查一下答案卷就可以減少發生的機會。

　　要預留更多時間檢查答案卷，一定要掌握兩個要點：第一，把作答時間控制好；第二，沒敲鐘之前不要提早交卷離開。

一拿到試題，瀏覽的同時腦袋裡要先抓一下時間，申論題打算要花多少時間寫，然後選擇題多久能寫完，這樣的話還可以剩下多少時間來檢查考卷。若是怕寫著寫著會突然忘記申論題的答案重點，我會在瀏覽試卷申論題的同時，先把重要的關鍵字寫在題目旁邊，但要附帶**提醒一下，有些考試完全不准在試題本上做任何記號，例如像多益英語測驗，考生要自行注意。**

至於作答順序再從選擇題開始，然後是申論題，通通寫完以後，再回頭核對、檢查選擇題跟申論題的答案。

為什麼要先從選擇題開始作答？因為考試的時間分配很重要！時間不夠，結果試題寫不完那是很糟糕的事情，如果先寫不好拿分的申論題，不小心時間不夠，好拿分的選擇題反而來不及看完整，結果答案只能亂畫一通，這樣分數就難看了，所以要先作答好拿分的選擇題，再答申論題。

有時候碰到簡單的試卷寫很快，或者剛好題目都抓到，早早就寫完了，即便如此，我在敲鐘之前也不會提早交卷離開考場，而是坐在座位上反覆檢查答案。

花了那麼長的時間，甚至是整整一年來準備考試，就是為了真正上考場那一兩天，稍有不慎就得再等一年，所以考場上的一分鐘，比平常的一分鐘甚至是一天都要來得珍貴，絕對不要輕易放棄每一分鐘喔。

→| 再看一眼，也許答案就在考題裡

有始有終，在每堂結束鐘響之前，不要讓自己的屁股離開座位，因為錯過這次，下次可是要等一年啊！

雖然提早交卷會有更多時間準備下一個科目，但畢竟下一科究竟會考些什麼，就像大海撈針一樣，花時間多看也未必看到會考的，投報率比較低。

可是還在自己手上正在考的這科答案卷那可不一樣了。在敲鐘之前都還有修正的機會，多檢查幾遍，可以找到錯誤的地方修正回來，分數可以失而復得，或者申論題那裡再補充一下希望可以增加分數，若是輕易的交卷離開，等到離開考場才發現錯誤的話，那就來不及了。

而且，多花時間檢查檢查考卷還有好處，偶爾會碰到申論題的答案或者計算題的公式，居然出現在選擇題的選項裡面，尤其是考試範圍比較小的科目更容易出現，這樣等於是送分題來著。既然是送分題，代表很多人都會寫，就算原來不會寫的人特別注意一下，也懂得抄答案來回答，也就是說，答對了也不一定能考上，但這就不重要了嗎？當然不是，如果連送分題都沒拿到的話，要再追分數就更困難了。

所以，不要以為自己眼睛不會脫窗，有時間的話還是多檢查幾遍答案卷，少一分失誤，就多一分考上的機會。

另外一個在考場裡可以爭取時間的方式，就是盡量使用修正帶，不要使用修正液。

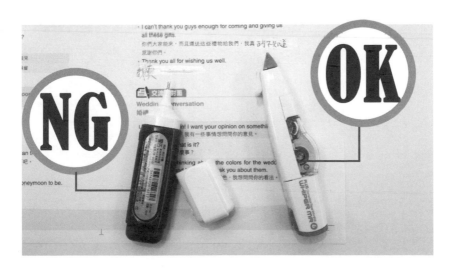

寫申論題時，下筆偶爾總會碰到寫錯需要修改的地方，用修正液除了要先搖一搖會發出聲響，塗上去還要等它乾，有時候一急還沒乾就寫上去，把試卷弄得坑坑巴巴，既不美觀字又不清楚；而使用修正帶的話，一壓上去就可以重新寫，既方便又節省時間。

蔡律師驚語錄

考試作答順序從選擇題開始，然後是申論題，通通寫完以後，再回頭檢查答案。若是怕會突然忘記申論題的答案重點，可以在瀏覽試卷的同時，先把重要的關鍵字寫在申論題旁邊。另外，多花時間檢查考卷還有好處，偶爾會碰到申論題的答案或者計算題的公式，出現在選擇題的選項裡，要好好把握，尤其是考試範圍比較小的科目更容易出現，這樣等於是送分題。

考完不對答案不討論——
把握當下，向前看

　　考場的每一分鐘都很重要，因為錯過了機會就要再等一年，既然這麼重要，就要把握在考場的每一分鐘，不要浪費，進入考場永遠都要往前看。

　　上一堂的科目考過就考過了，不用對答案，也不用跟同學、朋友討論，反正答案也改不了了，花時間討論考過的，還不如趕快再看看下一堂考試的重點。

　　而且，**對答案不光是浪費時間而已，還可能會壞了整個考試的好心情。**

　　就算對了答案知道自己寫對那又怎樣，畢竟考試還在進行中，又不是這樣就能篤定考上了，萬一對答案聽到自己寫錯了的話，那種考不上的念頭一下子上來，可是會把信心擊潰的，這樣後面的考試還要怎麼考下去？

　　所以，每堂考試結束，我會去上個廁所，藉由走路順便動一動、呼吸新鮮空氣，讓身體放鬆一下；想要提神醒腦的話，就用水洗把臉，然後趕快回到考場的座位上，利用考前每一分鐘翻閱我書上自己標註的重點。過程中間即使碰到同學、朋友，點頭微笑一下或揮個手就好，千萬不要討論考過的答案。

　　但既然說這是原則，偶爾總會發生意外。

　　有一年律師高考的第一天，我的一位好朋友因為前一天沒睡好，想要趁中午小睡一下，可是又怕趴著睡太久，沒有時間複習下午的科目，一早就交代要我12點50分去隔壁教室叫他起來。

時間一到，我遵守承諾去叫朋友起來，轉身正要走時，卻被這位朋友叫住，想不到下一秒他馬上說：「早上還好那一題我記得要寫什麼什麼，沒有落入題目的陷阱。」我聽他這麼一說，驚覺「完蛋了」，我寫考卷的時候怎麼沒注意到那個陷阱！這下不但掉到題目的陷阱裡，那一刻我的心情也彷彿陷入無底深淵啊！

→| 無論如何都不回頭看，繼續往前奮戰

事情就是發生得這麼快，我去叫好朋友起床，然後聽到好朋友告訴我答案，我連摀住耳朵說：「我不要聽！我不要聽！」的機會都沒有，然後我的心情就down到谷底了。

「這下糟糕了，律師高考一年才一次，好不容易捲土重來，這才考第一堂而已耶，我就犯了這麼嚴重的錯誤，完蛋了完蛋了，恐怕又要再來一次。天啊！一次就是一年耶。」這些都是當下心裡的內心戲OS。

還好，我之前經歷過落榜的經驗，想開了也想通了，有非常堅強的心理建設，告訴自己無論如何都要向前看，拚戰到最後一刻，想辦法爭取最高的分數就對了！

所以不到3分鐘，我立刻就轉念了。「錯了就錯了，既然考過的答案也改不了了，這科分數差不多都定了，那就算了，但是之後還有好多科目可以拿分數啊！而且，因為前面沒考好，後面的科目還有機會追分數，所以要更努力才行。」想到這裡，我迫不及待想要回去看下午的科目。

馬上跟朋友說，我要回去了，立刻小跑步回到我的座位上，認真翻閱下一科的重點。

結果那一年，我不但順利考上了律師，而且是以第24名的成績考上。掉到陷阱的那一科，成績果然不高，不過幸好其他科目的成績都不錯，一來一回不但救回失誤的分數，還大幅超越及格成績。

我很慶幸，當時發現上一科答案寫錯了，受到影響只有3分鐘，換言之，浪費的時間只有短短3分鐘而已，而不是一次考上的機會。若當時就因為那一科寫錯的答案受影響，甚至打擊了接下來的其他科目的信心，這樣的話，可能浪費的至少就是一年，甚至是後來更多的人生了。

蔡律師驚語錄

每堂考試結束，可以去上個廁所，藉由走路順便動一動，呼吸新鮮空氣，讓身體放鬆一下。想要提神醒腦的話，就用水洗把臉，然後趕快回到考場的座位上，利用考前每一分鐘翻閱書上自己標註的重點，千萬不要去對或討論考過的答案。

考試祕訣 10 提高作文分數——
起承轉合寫出好文章

講到國文，準備起來實在不太容易，畢竟那是累積了好幾千年的內容，很難讀到通透，因此，臨場的技巧就顯得更重要了。

國文通常分成測驗題跟作文二個部分，測驗題有標準答案，至於作文，**可以由個人發揮，只要有好的結構跟內容，就可以爭取高分。所以，作文反而是比較好拿分的。**

如果說我有什麼天生的專長，那應該就是作文了吧。

小時候在金山長大，念金山國小，學校會舉辦書法比賽、演講比賽還有作文比賽。只要是成績不錯的，通常老師以後就會固定派這位同學代表班級參加比賽，於是，我們班有人專門參加書法比賽，也有人專門參加演講比賽，而我，就是專門參加作文比賽的。

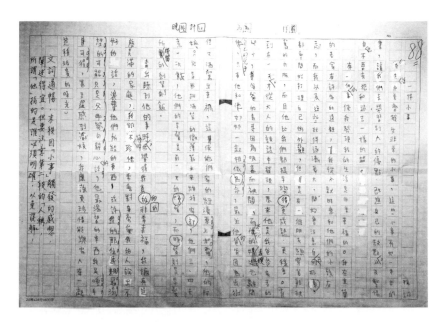

　　作文比賽一學期會配合不同的節日或主題舉辦好幾次，像是兒童節題目可能是如何當個好孩子，母親節的主題是如何孝順父母……每個班級的代表通通集合在大型會議室裡，在固定的時間內用稿紙寫完交卷。然後，會由老師擔任評審，決定名次，利用開朝會的時候頒獎。

　　頒獎的時候會點呼幾年幾班某某某小朋友，這位小朋友就要從班級的隊伍裡跑上司令台領獎。我說我是專門代表班上參加作文比賽，究竟次數多到什麼程度呢？

通常開始頒獎第一名會念到我的名字，我從班上跑好遠上司令台，領到獎狀以後，正在走回班級的隊伍，又聽到下一個作文比賽頒獎我又是第一名，於是直接回頭又衝上司令台領獎。

比賽參加多了，變得非常熟練。我記得有一次作文比賽，我自己的寫完了沒事做，我還偷偷指導坐在旁邊隔壁班的同學，應該怎麼寫，後來那次作文成績出來，我是第一名，隔壁被我指導的那位同學是第二名。

等到我國小六年級的時候，又從班級代表升級變成學校代表，去參加校際七星區的作文比賽，也幫學校得到第二名的成績。

後來，不管是高中聯考或是大學聯考都有作文，我的作文成績幾乎都是前段班，**靠著作文拉高總分，彌補了其他科目的不足，可以考到更高分的學校。**

我記得小時候有的同學會買作文範本來參考，我從沒買過作文範本，通通是靠自己寫的。作文成績可以名列前茅，因為我從小就抓到了寫作文的技巧。

→| 作文拿高分，架構內容是關鍵

作文得到高分的技巧，一定要掌握結構跟內容這兩個關鍵。

把作文從頭到尾寫成一大塊，這樣即使有好的內容，看起來也是又臭又長。好的架構要有起、承、轉、合，就像打太極一樣，從什麼招式開始，到什麼招式結束，都要按部就班來。

作文一定有題目，這個題目有什麼意涵，要先破題一下，然後不能光只是紙上文章，可以舉一下正面的案例跟成效有哪些，然後不好的例子可以發人省思，所以可以寫一下負面教材做反省，最後再總結一下，這樣就非常完美了。

這個例子可以舉別人的例子，也可以是自己的例子，通常文章當中以自己為例的話，容易引起別人的共鳴，可以爭取比較高的分數。當然能有實際的體驗是最好，如果沒有親身經歷過怎麼辦呢？除非你寫的是你去過火星這種一看就知道不可能的事情，除此之外，誰知道你沒有經歷過？文學本來就是一種創意的發想，寫的像是自己親身經驗比較重要，至於實際有沒有經驗過，不重要。

所以，**簡單來說，就是起、承、轉、合四個字，「起」就是「破題」，「承」就是延續寫「正面」例子，「轉」成「反面」例子，然後「合」成最後的「結論」。**

那先寫反面再寫正面不行嗎？因為第一部份是破題，寫了反面等於轉了一次，寫回正面又轉了一次，最後寫結論再轉回來，轉這麼多次不覺得頭暈腦脹嗎？所以還是破題、正面、反面、結論的順序比較好。

除了好的架構，也要有好的內容。

「一字千金」聽過吧！當然說得出一個字就值千金這樣的句子，絕對不會是自己，而是歷史上的名人。所以平常可以閱讀一些名人佳言錄，把內容記下來當成是作文的素材。

像是，胡適說過：「大膽的假設，小心的求證，認真的做事，嚴肅的做人」、「要怎麼收穫，先怎麼栽」都是朗朗上口的，也許有點八股，但寫得出來，至少代表有一些國學底子。

　　或者一些充滿智慧的句子拿來畫龍點睛也可以，像是「不經一番寒徹骨，焉得梅花撲鼻香」，後面可以再加上一兩句自己發揮的「沒有挫折，怎麼培養堅強的毅力」，就是一段挺像樣的文章。

　　網路上只要打上「國文考科作文佳作」這幾個關鍵字，就可以找到歷年大學入學考試優秀的作文，說是萬中選一也不為過，學習可以從模仿開始，找個幾篇出來閱讀，看看架構怎麼鋪陳安排，另外遇到優美的語句也可以記下來，等到自己上考場寫作文的時候，這些就是最好的素材了。

蔡律師驚語錄

　　作文一定有題目，這個題目有什麼意涵，要先破題一下，然後不能光只是紙上文章，可以舉一下正面的案例跟成效有哪些，然後不好的例子可以發人省思，所以可以寫一下負面教材做反省，最後再總結一下，這樣就非常完美了。

　　當然若能說得出「一字千金」這樣的句子就更加分了，所以平常可以閱讀一些名人佳言錄，把內容記下來當成是作文的素材，也很有幫助。

第五章 考生煩惱：請問蔡律師⋯⋯

　　說起考試，除了方法、祕訣之外，考生自身的心理素質也是至關重要的。

　　本單元匯集了考生來請教蔡律師有關在備考期間所遇到的困難，包含身心靈狀態的疑問top9，希望這些建議與經驗分享能幫助考生們，順利度過備考低潮期。

Q₁ 愈接近考試愈讀不下去，有時讀到很想哭，該怎麼辦？

A：通常會有這樣的狀況，大都是遇到撞牆期了。其實，這是正常的，畢竟是人，同一件事情做久了總會感覺疲累，就像同一道菜吃久了也會膩。那麼該怎麼克服突破呢？不妨先換一下口味，也就是說當這個科目念不下去，就換讀另一個科目，內容讀不下去，就換成看考古題。但若是真的完全念不下去就不要勉強自己，效率也不好；累了就去睡個覺，不累了就去運動，這些都可以培養體力，而且可以讓自己轉換個心情，重新再繼續。

準備考試就像是一場馬拉松，遇到撞牆期停下來休息休息，休息完了之後就必須加緊把落後的進度追上去。念書最重要的是真的念進去，而不是坐在桌子前面做做樣子，所以只要休息之後有把握把落後的進度追上去，休息其實未必是壞事。所以也不要因為累了休息一下，心裡會有罪惡感。休息就好好休息，這樣才能讓休息發揮功能，提高之後讀書的效率。

→| 若是經常撞牆怎麼辦？

如果經常遇到撞牆期就休息，之後再重新開始，恐怕也會打亂讀書的進度，甚至讓休息變成習慣，最後就放棄了。所以更好的方式是：**要避免撞牆期一直出現，應該在一開始安排讀書計畫時，就給自己適度的獎勵。**例如：每星期可以跑步或散步二次各一小時，每二個星期可以看一部電影……這是固定的休息時間，提前完成讀書進度，剩下來的時間通通可以做自己想做的事情，這是隨機的休息時間。

念書會遇到撞牆期，那是因為沒有成就感。所以要把念書變成是一件可以達標的事情，達標了就會有成就感，常常達標就會常常有成就感，所以一定要做讀書計畫，而不是漫無目標隨便讀。有了計畫，按照計畫進行，達標了心裡會很踏實，甚至還會提前達成，多了自由運用的時間。如果沒有讀書計畫，等於看不見目標，長期下來當然會累。所以理想的安排，要有讀書計畫。

→| 有效又簡單的讀書計劃

做讀書計畫其實也很簡單，例如：前三個月預計把全部看一遍，第二次用二個月的時間看一遍，第三次用一個月的時

間看一遍，這樣等於六個月就看三遍了；既然計畫訂出來了，三個月要看一遍，如果有八本書，等於一周半要看完一本；第二輪二個月看一遍，等於一周要看完一本；第三輪一個月看一遍，等於一周要看二本……一周要看幾本，可以把頁數統計出來，然後除以7，這就是每天要看完的頁數。算到這裡就很簡單了，每天需要幾頁，沒有看完就不要睡覺，所以只要知道今天的頁數，跟看完才可以睡覺，這就是讀書計畫；只要做到，時間到了就一定會看完，沒看完一定就是跑去睡覺了

看到這裡，也許有人覺得，前面說的讀書遇到撞牆期可以休息、睡覺，跟這裡每天頁數沒有讀完就不要睡覺，兩個不是矛盾嗎？

其實沒有矛盾，有跑過馬拉松的人一定知道，事先心裡一定會有配速多少、多久要跑完的規劃，但是真的上路跑了，卻發現跟原來做的規劃不一樣，畢竟人又不是機器，怎麼可能都跟心裡規劃的速度一模一樣，有時候真的累到跑不下去那就休息一下再跑，繼續跑過程中一定也會體會到，突然過了一定的距離，那個疲憊感瞬間消失了，開始跑得很順了，就可以把前面落後的進度再慢慢追回來。

所以把要閱讀的章節、頁數、時間都安排好，按照計畫念

書，按照計畫休息，可以做得到，就完全按照讀書計畫進行，遇到撞牆期就換個口味、換個科目讀，再不行，就索性讓自己休息一下，之後再追進度就好。

如果人是一根橡皮筋，念書是拉緊，休息是放鬆，到了考試時還能保持彈性，才是最好的準備方式。

Q₂ | 常常只要一想到考試，就緊張焦慮、睡不著……如何能不恐懼？

A：會這麼緊張害怕，這一定是沒有弄清楚準備考試的目標，所以把考試想的太難了。準備考試以結果來看：

1.看懂寫對100分；
2.看不懂寫對也是100分；
3.看懂寫不對0分。
你，要哪一種？

看起來好像第一種最好，但其實是要選第二種。因為選第一種的話，準備的過程中一定會花更多時間，而且會一直擔心記不住，這樣一來速度變慢，一不小心就變第三種了。

準備考試的目標是什麼？就是考上，而不是讀懂。當把目標設定成讀懂，那就變得很困難；把目標設定在考上，就簡單一些了。其實上面的100分是煙幕彈，很少有考試要求必須做到

100分，連國家考試通常都是60分及格。所以，有些怎麼讀也讀不懂的不如放棄，其實也並不影響考上的目標，而且把時間放在有把握的內容，也會更有效率，反而考上的機會更大。

→▌抓大放小，拿分數就對了

準備考試比較好的方式不是一步一步走，而是用跳的。走個兩步，發現看不懂的或不好記的沒關係，先跳過去，有些內容加快速度多看幾遍就記得了，甚至有的多看幾遍連不懂的也記下來了，一定要記得準備考試的重點是跑到終點，而不是常常停下來檢查路邊的小石頭。讀書要快，不能常常停在一些小地方傷腦筋，讀不通的、很難理解的，就當跨欄跳過去，考生是選手而不是來驗收的廠商。等跑完了，也就是考完試了，不要說什麼小石頭，連怎麼跑完的都不重要了。甚至於可以這樣說，很多考生，尤其是參加非本科系的科目，到放榜時過了幾個月，之前讀了什麼，根本早就忘光了；連放榜考上的人都一樣。**所以準備考試的時候不要太糾結，要抓大放小**，弄清楚準備考試的目標一就是考上，面對需要準備的內容，想的都不是讀懂而是如何拿到分數，這樣各種考試技巧都能派上用場，讓目標明確就可以降低很多的緊張感。

　　另外，要讓自己有充裕的時間可以規劃，才不會把時間繃得太緊，一旦時間來不及，當然就會緊張。準備考試就像是要跑完一圈400公尺，可以早一點出發，就可以優閒一點慢慢跑；如果太忙出發太晚了，那也不是不行，只是要變成百米全力衝刺了。

　　有一件事情非常重要，一定要想辦法讓（逼）自己把所有科目都先讀過一遍，全部看完一遍就會有信心，感覺會不一樣，然後再多讀幾遍，感覺又會不一樣。加快進度的祕訣就是不要糾結在一個地方，暫時讀不懂的，先放棄，永遠讀不懂的，永遠放棄。

Q3 在備考時，很容易覺得心累、憂鬱，甚至看到書就怕，該怎麼調整／喘息？

A：準備考試最大的挫折感，應該是念了很久，但是書一放下來，感覺腦袋就一片空白。還有，在閱讀的過程中會一直懷疑自己記不住，然後一直想東想西，干擾自己不能專心。

其實，要記得一樣東西，最簡單的方法就是多看，看越多遍記得住的機會越大。所以在閱讀的過程當中，一直想自己記得住記不住，那都是在浪費時間，與其花時間想記得住記不住，那還不如把書拿起來再看一遍比較實際。

另外，想一想為什麼看網路新聞不會有壓力？但是準備考試讀書就會有壓力？因為「看」東西就是看過去，比較不會有壓力，但是準備考試想要「記」下來，就會覺得有壓力了，尤其是一開始對於內容比較陌生，就強求要記下來，那壓力更大。

　　其實多看幾次就會記得，甚至看過一遍也會記得，總不至於剛剛看完一則網路新聞，就立刻忘記內容吧！當然準備考試閱讀資料跟看網路新聞一定不一樣，準備考試的資料更多、更複雜，所以必須花時間多閱讀幾遍。既然多看幾次就會記得，所以每次閱讀時應該要加快瀏覽的速度，一直「看」一直「看」過去，同時要把資料整理分類，有哪一些關鍵字跟關鍵點，這些更是要多看幾遍火火但重點是「看」能「記」最好，會擔心記不住的也先不要管，更不能一邊看一邊想記不住怎麼辦，繼續一直翻一直唸就對了。

→ 至少唸過一遍，把看過的都帶進考場

　　準備考試的內容就像是食材，考前大家要像檢查倉庫的庫存那樣看過去，要求看完通通要全部記下來，其實那是想要把倉庫裡的東西全部吃下去，那是不可能的。但是不用擔心，即使只是檢查倉庫的庫存，進考場看到題目就有連結點，就會知道要什麼庫存，自然可以寫出還記得的東西；而且考試不是滿分才能及格，60分就過關了。

　　考前最忌諱停留在某個點，想要把東西全部吃下去，人能吃的有限，考前的準備其實是像瀏覽倉庫的庫存，帶進考場才是對的。

我所知道，不少人進考場連第一遍都沒有念完，所以我一直鼓勵大家，資料至少要念一遍，而我也知道，能夠把資料念過一遍的人，多數通常也不只念一遍，而念很多遍考上的機會其實相當高，就算錄取率低，考上的機會還是很高。

也有很多人來詢問我關於考試的問題，通常都是說沒念完，我比較少聽到說念很多遍沒考上的，所以準備考試的重點就是多讀幾遍多讀幾遍，一直念一直念就對了。

我所接觸到考上的人都有幾個特點：
1.把考試擺在第一位，什麼都不會受影響。
2.相信自己會考上，或者說不會一邊念一直覺得自己考不上。
3.資料在考前一定讀完了，而且不知道讀幾遍了。

考試就像在跑馬拉松，意志力很重要，如果參賽者老是想他一定跑不完，或者越接近終點越覺得自己到不了終點，那還跑得下去嗎？參加考試並不難，因為每個人都可以參加考試，難的是考上。如果事先連教材資料都沒看完，那怎麼會考上？如果只是書買回來了，卻不想念，顯然連準備考試這件事都沒做好，結果自然就知道了。就像有人想要中樂透，買了供品去求神拜佛，然後很開心回到家期待等著要中樂透，樂透開獎那一天才想起來忘了買樂透。如果連參加考試這件事都沒做好，

卻只想著要上榜，那跟沒買樂透卻想要中樂透不是同一個意思嗎？

所以要先把參加考試這件事情完整做好，就具備考上的機會了。每個考上的人，一定都已經先做好參加考試這件事，考不考得上不是自己能決定的，但把準備考試這件事做好是自己能決定的。

以上的內容，通常實際上過考場的考生更能體會，**什麼都不要胡思亂想多看幾遍＝考上**，有的人沒上過考場就懂這個道理，於是一次就考上了；有的人一邊讀書一邊想其他很多有的沒的，以至於沒有考上。這樣的人蠻多的，後來終於知道原來想考上就是一直讀，其他什麼都不要想後來也考上了

沒考上以前，都把考上想太難了，考上以後回頭看，才體悟到原來考上沒這麼難，就是一直把簡單的事情重複做而已。這也是為什麼通常考過一個證照的人，再去考第二個證照就變簡單了，因為已經完全明白準備考試的方法了。

Q4 很容易受外界影響分心或腦子裡會突然想其他的事，怎麼克服？

A：人會想要偷懶這是人性，一定要想到讓自己找回專注力的方法。準備考試的時間都是很珍貴的，尤其是越接近考前時間越珍貴，通常考完試以後，哪裡寫得不好或不完整，就會想：「唉呀！如果考前哪裡多看、多翻一點就好了……」尤其是放榜以後，拿到成績單發現分數差一點點的人更會這樣想。

所以，考前讓自己專心的方法，一定要先認知時間的重要性，現在分心了，將來一定會懊悔。如果是靠落榜才能體會那很可惜，代價也很高！因為差別至少就是再一年的時間了。與其重來一次，而且下次也是要專心準備，當然這次就要好好拚盡全力。

有一個徒弟，跟師傅說最近提不起勁，怎麼辦！於是師傅就把徒弟帶到河邊，然後叫徒弟趴下，來把臉埋到河裡去。徒弟照做以後，師傅突然把徒弟的頭按住，看見徒弟掙扎也不放

手。過了30秒，師傅鬆手了，徒弟起身一邊用力呼吸，一邊跟師傅抱怨。

師傅問徒弟：「你剛才有沒有很想呼吸？」

徒弟說：「當然啊，剛剛差一點就窒息了。」

師傅說：「如果你想做的事情就跟你剛才想呼吸一樣那麼積極，那你就一定會成功了。」

這就是**面對考試要有的心態，想要考上就跟想要呼吸一樣迫切。**

其實這個很容易檢驗的：在準備考試的過程當中，如果有雜務需要處理，必須暫時先去把別的事情處理好，心裡突然覺得很開心，鬆了一口氣⋯⋯這顯然還沒有準備好考試的心態；如果是心裡覺得好討厭，怎麼那麼多事情不能專心好好念書⋯⋯這個面對考試的心態就對了。

→‖ 不去想「考不考得上？」

為了讓自己提升準備考試的專注度，也有二個方法：第一個，可以在牆壁上貼標語，把自己的目標寫下來，然後貼在牆壁上，時刻提醒自己的決心；第二個就是要有儀式感，例如：

倒一杯開水或是沖一杯咖啡，端著走到書桌坐下來，就是要開始專心閱讀了。下次只要倒開水或沖咖啡，就是要開始專心念書，藉由這樣的儀式感，可以幫助自己進入到專注的狀態。

準備考試的考生通常會想三件事：
1.讀不讀得完；
2.記不記得住；
3.考不考得上。

一定要控制自己的意念，第三件事連想都不用想，把第一件事做好，多做幾遍，第二件事也自然會進步了。

即將考試之前的時間非常重要，一定要好好把握時間衝刺，不然錯過了又是一年。不同階段的時間，有不同的價值，寶貴的並不是金榜提名時，而是努力追尋上榜的這段時間，就如同洞房花燭夜只是結果，要努力的是追另一半的時候啊！

Q5 聽到大部分考生（不論考什麼）都會寫考古題，真的需要嗎？

A：考古題很重要！首先，考古題有可能會再度出現，甚至是一模一樣的題目。再者，從考古題出現的頻率，也可以看出每個章節的重要程度，也就是投資報酬率不一樣。

所以，**考古題是非常重要的！**

有些考生為了節省準備考試的時間，捨棄教材直接從寫考古題著手，如果考古題出現的頻率高，或者說其實有些考科考古題出現的頻率本來就很高，就有很大的機會考上。當然這只是要舉例說明考古題的重要性，倒不是要每個考生都捨棄教材，直接從考古題著手。

但無論如何，考古題很重要，也是考生準備的重點，換言之，如果哪一科出了考古題，甚至是一模一樣的考古題，一

定會有很多考生會寫，而且既然是考古題，寫出來的答案一定很完整，一定會得到蠻高的分數。那麼，沒有準備考古題的考生，光一題的分數差距就很吃虧了。

→| 考古題的另一層重要含義

準備考古題也可以發現，有些章節或是條文根本幾乎年年必考，例如：舉行過24次考試，結果考古題出現過21或22次，那每一年再出的機會就很大，甚至可以說是必考題，考試當天考場前面會發考猜，像這類的題目根本就是必考，連猜都不用猜。

教材的每一頁、每一個字的重要性跟投報率是不一樣的，從考古題出現的頻率，考生也可以判斷每個章節的重要性，可以據此把每個章節依據重要性做整理區隔，並決定投入的準備時間。

另外，如果準備考試時，暫時讀不懂的以前都沒考過，那其實還好，可以放棄不要念；如果暫時讀不懂的，考過很多次，因為再出現的機會比較高，就必須花點時間弄懂。

Q6 當低潮時，要怎麼強化應考心態，如何自我加油打氣？

A：要強化應考心態，一定要對考試這件事有透澈的瞭解，「5W1H」是分析的好方法：

（1）WHY－為什麼考不好？

有些人會說，因為記憶力不像別人那麼好，好像考上的人都是天賦異稟，記憶力特別好，不用花很長的時間就可以考上。但是所謂記憶力不好的人，有沒有估算一下究竟花了多少時間來準備？如果書都沒念完就進考場，這是沒念書而不是記憶力不好；如果書念了三遍還沒考上，那才是記憶力不好。但是有多少人真的念了三遍還沒考上？其實考上的人記憶力特別好的也沒幾個，大多也是靠苦讀跟考試技巧。所以為什麼考不好？其實大部分的原因是因為沒念書，想考好的首要因素當然是要念書，而且念越多遍越好。

（2）WHO－你的對手是誰？

考試有錄取率，一定就有競爭，所以對手就是同梯一起考試的人。另外，還有一個很重要的對手－就是「自己」。因為準備考試，假日出去玩，不行；晚上看手機，不行……這都是**要跟自己的人性對抗。要跟同梯的比較之前，要先戰勝自己，只有先戰勝自己，才有可能贏過同梯一起考試的人。**

（3）WHEN－何時開始準備？

越早越好，甚至於要提早一年。什麼意思？往往參加考試之後，才會更精確地知道考試長什麼樣子，還有自己準備的不足之處，從對考試的陌生到完全熟悉。所以第一年當作暖身，如果第一年就考上了，那真是非常的恭喜；考不上也要再接再厲，來年一定會更進步。但是暖身不是說隨隨便便，也是要盡全力準備，否則就算考不上，連自己哪裡沒準備好都不知道，如何加強更進步呢？既然盡全力準備了第一年，沒考上也不要氣餒，放棄了很可惜，隔年一定要再給自己一次機會，至少這樣說是因為自己記憶力不好，認輸也甘願。

（4）WHAT－如何選教材？

各種考科市面上幾乎都有對應專門準備的考試用書，上上網看看別人的建議跟推薦，尤其是考上的人的分享，也可以親自跑一趟書局實際翻閱，選擇用心整理而且自己看得下去的書

籍為主，不要隨便買來就讀，買錯了武功祕笈是練不出如來神掌的。

（5）WHERE－在哪裡準備？

準備考試要先戰勝自己，但家裡太舒服了以至於人性的考驗太多，看個電視、開個冰箱半天就過去了。圖書館是個比較適合的場所，隔壁的累了頂多趴下來睡覺不會吵你，不像速食店，隔壁常常有人聊天又不能叫他安靜，這裡本來就是吃飯聊天的地方。平常搭捷運、通勤也可以拿起書本看看畫重點的地方，加強記憶。

（6）HOW－如何準備？

準備好的教材不是每次都從第一頁第一個字看到最後一頁的最後一個字，而是要分類，所以第一遍是比較花時間的。如何分類呢？分成三類：第一，看一遍就記起來的不用做記號；第二，看一遍記不起來多看幾遍就記起來的打星號；第三，怎麼也看不懂也記不起來的打叉叉。從第二遍以後，打叉叉的就不用看了。考試本來就是及格就好，也沒人會考一百分，而是要多看打星號的，經過分類之後，就會發現重讀一遍的時間可以越來越快。

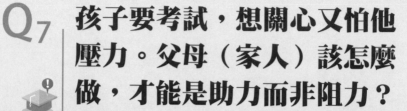

Q7 孩子要考試，想關心又怕他壓力。父母（家人）該怎麼做，才能是助力而非阻力？

A：準備考試的過程是非常枯燥而漫長的，所以對於考生，就是**秉持被動不主動的原則**，也就是當考生提出要求，就被動提供協助，但是不要常常詢問他們準備得如何，考生極有可能都是玻璃心，要避免造成考生心裡的壓力跟負擔。尤其是落榜過繼續準備的考生更是如此，一定要更加注意。

Q₈ 我三四十歲了，年紀較大才應考，與年輕時條件大不同，不論記憶力／時間性／體力都差很多，有沒有特別需要注意或需要克服的困難？

A：不可否認，記憶力會隨著年紀大而降低，所以一定要有更充分的準備，才能增加錄取的機會。**所謂更充分的準備，一個是對於內容的準備，一個是對於時間的準備。**

關於內容的準備，我們一直提到，把資料多看幾遍就會記住，但那是年輕人記憶力好的時候，就像年輕時學唱歌，哼個幾次歌詞都記住了；但是年紀越大，想記一首歌的歌詞就是很難記住，時不時還要拿出手機來看歌詞。

記憶力不佳，那就要從內容的理解去著手。所以如果是對書面資料閱讀起來吸收效果不佳，可以考慮報名補習班，一來有老師教對於內容的理解有幫助，而且印象會更深刻；再者有同儕一起上課，也更能激發自己學習的動力。

另外很多國家考試不乏法律的考試科目，以我自己念法律的心得經驗，每個法律科目不同的世代會使用不同老師的教科書，而即使是同一個科目，不同的老師撰寫會有不同的表達方式跟重點，尤其是法律科目，還有可能經歷修法也就是書籍部分內容已經跟法規有所不同，這對於解題跟分數就會有很大的影響。我記得我自己年輕時參加律師高考，我前面坐著一位資深考生，我看他手上看的法律書籍都跟我不一樣，明顯是不同時代的教科書。

所以如果年紀較大才應考，記得書籍要更新，而且通常參加考試看的不見得是教科書，而是坊間為考試而編輯的考用書籍。在準備考試之前，要先把適合自己閱讀的資料準備好。關於時間的準備，既然記憶力不佳，當然就要花更多的時間，多看幾遍來增加記得的可能性。

Q9 我想如預期的順利達標考上，最重要的技巧是什麼？

A：方法對了，就會念得快又有效；方法錯了，就會念得慢又沒效。

　　考試的努力不是只有一直拚一直拚而已，是要聰明的拚。如果每次閱讀資料都是從第一個字讀到最後一個字，遇到讀不懂的就卡住，這樣很可惜。花時間閱讀資料一定要分類，讀得懂的看過去就好，多讀幾遍就懂的就做記號；第二輪、第三輪多看幾遍，至於怎樣也讀不懂的乾脆放棄。

　　準備考試跟做學問不同，讀完的重要性不亞於讀懂。有時候考生懊悔面對沒考上的結果，其實不是因為不夠認真，而是因為之前太認真，想要把每個地方都弄懂、都記下來，以至於閱讀速度太慢了，更好拿分的章節反而沒有念到。

參加考試不就是一直念，然後上考場盡量寫，然後等放榜嗎？錯！就是因為太多人都是這樣做，所以很多人都會出現差個一兩分沒考上的悲劇，然後說「考試失常」，其實這是準備考試的時候沒有做好配分。

→▎懂得配分才能穩穩達標

做學問的目的是把論文寫出來，考試的目的是考上，也就是說，光唸還沒有用，而是要把分數拿到才有用。以不動產經紀人考試來說，申論題占50分，選擇題占50分，及格標準是60分，所以每個參加不動產經紀人考試的考生都要先思考一個問題，我要如何拿到那60分？！

如果申論題拿到50分，那麼選擇題只要再拿10分就可以了。等等，申論題拿50分？蔡律師你是在開玩笑嗎？其實我不是在開玩笑，我只是講誇張一點凸顯這個問題。申論題當然不可能拿50分，但是更多考生在準備考試的時候，根本沒有想到如何拿到及格的60分，不是也在開玩笑嗎？

如果選擇題拿50分，那申論題只要拿10分就可以了。當然我知道選擇題要拿50分也不容易，但是不是比申論題拿50分容易一些？這些其實都只是為了強調我的意思，所以用誇張的例

子比較的說法。我想說的其實是：大部份人考上，都是拚選擇題高分，然後再靠申論題來湊不夠的分數。

所以先回到前面我說的那句話大家再想一下：「參加考試是一直念，然後上考場盡量寫這樣嗎？」當然不是，要先做好配分，也就是說，今天讀這裡，將來如果出了，這個分數我有沒有把握能夠拿到，有就讀，沒有就先算了。

→▎ 適時放手才能分數到手

準備考試，每個科目、每個章節，難易程度不同，簡單說，讀了很容易理解，進考場答對的把握度很高，那就是投資報酬率很高；反之，讀了不容易理解，進考場答錯的把握度很低，那就是投資報酬率很低。有時候會遇到不容易理解的，當然如果花很多時間就會理解一部分，但就是很複雜，所以這次理解了下次可能會忘記，或者縱使理解了，進考場也未必有拿分的把握，例如：估價概要複雜的計算式還開根號，我的天啊！請問一下這個部分要不要先跳過去，先讀後面比較好拿分的部分？

準備考試絕對不是一直讀，而是在讀的時候，就要把能不能拿到分數連結在一起。就像你去上班，花時間就要跟薪水連結在一起，不然就是做白工了不是嗎？

做學問，一定要弄懂；考試，能弄懂又拿到分數最好，如果是弄懂沒拿到分數，跟沒弄懂但分數拿到了，要哪一種？當然是後者。

有一種人常常說考運不好，其實是把考試當成做學問，花了很多時間卻沒有拿到分數，然後就會說是失常；有一種人看起來輕輕鬆鬆，考上一直說是自己運氣好，其實不是運氣好，而是懂得準備考試跟拿分的技巧，真的會有沒弄懂也拿到分數的。

有參加駕訓班的就知道，教練會教很多口訣，眼睛看到哪裡就怎麼轉，那個要轉幾圈，這個又要轉幾圈，然後照著做駕照就考過了，其實這個就是類似沒弄懂但分數拿到的例子。

所謂配分，除了申論題跟選擇題，其實還可以舉一反三運用在不同科目。不動產經紀相關法規跟土地法相關法規的投資報酬率比較高，民法概要的投資報酬率比較低；再者，同一個科目又可以細分，像民法概要裡債跟物權編投資報酬率比較

低，親屬、繼承跟總則編投資報酬率比較高。準備考試時始終要清楚跟拿分數的把握度綁在一起，這樣才有效率，才不會花一堆時間沒考好然後說是失常。

能讀懂並且拿高分考上那非常好，但是如果兩種硬要選一種，當然是要沒讀懂拿到分數考上，與其在放榜以後說失常，不如笑咪咪的說：「啊！想不到沒弄懂的分數也拿到上榜了。」

我是法律人，估價概要對我而言比較陌生，我當年參加不動產經紀人考試，就是運用配分的技巧，把投報率差的直接忽略。不要懷疑，像估價概要裡面那些複雜到計算式還有開根號的我直接放棄，結果我還是考了全國第二名！

好學習 071

逢考必中！【暢銷強化版】
海邊小孩變全國榜眼的考試必勝法！金牌律師小考大考都在用的高分寶典

作　　者	蔡志雄
顧　　問	曾文旭
出版總監	陳逸祺、耿文國
主　　編	陳蕙芳
執行編輯	翁芯俐
美術編輯	李依靜
法律顧問	北辰著作權事務所

印　　製	世和印製企業有限公司
初版七刷	2018年08月
二版一刷	2024年05月
出　　版	凱信企業集團-凱信企業管理顧問有限公司
電　　話	（02）2773-6566
傳　　真	（02）2778-1033
地　　址	106 台北市大安區忠孝東路四段218之4號12樓
信　　箱	kaihsinbooks@gmail.com

定　　價	新台幣360元／港幣120元
產品內容	1書

總 經 銷	采舍國際有限公司
地　　址	235新北市中和區中山路二段366巷10號3樓
電　　話	（02）8245-8786
傳　　真	（02）8245-8718

國家圖書館出版品預行編目資料

逢考必中！【暢銷強化版】海邊小孩變全國榜
眼的考試必勝法！金牌律師小考大考都在用的
高分寶典／蔡志雄著. -- 初版. -- 臺北市：凱信
企業集團凱信企業管理顧問有限公司，
2024.05
　面；　公分
ISBN 978-626-7354-42-1(平裝)

1.CST: 考試 2.CST: 學習方法
3.CST: 讀書法

529.98　　　　　　　　　　113003280